U0646344

"十三五"大学生素质教育丛书

大学生
劳动教育理论与实践教程

主　编：何卫华　林　峰
副主编：蓝德森　陈雪红
编　委：吴艺强　林伟杰　王五虎　吕友义
　　　　项义方　陈龙木　张苏功

厦门大学出版社
XIAMEN UNIVERSITY PRESS
国家一级出版社
全国百佳图书出版单位

图书在版编目(CIP)数据

大学生劳动教育理论与实践教程/何卫华,林峰主编.—厦门:厦门大学出版社,2019.8
(2019.12 重印)
ISBN 978-7-5615-7559-8

I.①大… II.①何…②林… III.①大学生—劳动教育—高等学校—教材 IV.①G40-015

中国版本图书馆 CIP 数据核字(2019)第 171208 号

出 版 人	郑文礼
策划编辑	张佐群
责任编辑	郑 丹
封面设计	李嘉彬
技术编辑	许克华

出版发行 厦门大学出版社

社　　址 厦门市软件园二期望海路 39 号

邮政编码 361008

总　　机 0592-2181111　0592-2181406(传真)

营销中心 0592-2184458　0592-2181365

网　　址 http://www.xmupress.com

邮　　箱 xmup@xmupress.com

印　　刷 厦门兴立通印刷设计有限公司

开本 787 mm×1 092 mm　1/16

印张 10.25

字数 168 千字

版次 2019 年 8 月第 1 版

印次 2019 年 12 月第 2 次印刷

定价 35.00 元

本书如有印装质量问题请直接寄承印厂调换

厦门大学出版社
微信二维码

厦门大学出版社
微博二维码

"十三五"大学生素质教育丛书编委会

总　　序

教材是教学目的和教学内容的基本载体,是实施教学的基本手段和依据。教材建设是高校内涵建设的重要组成部分,是教学基本建设之一,是教学改革的突破点。教材质量的好坏,直接影响教学效果和人才培养质量。随着高职教育的迅速发展,社会对高职人才的需求越来越大,要求也越来越高。高职教材建设必须与高职教育的发展相适应,必须满足高端技能型、应用型人才的培养要求,体现高职教育的特点和优势。

高等职业院校的学生有其特殊性,他们思想敏锐,头脑聪明,个性张扬,更希望得到尊重与鼓励;他们对关爱、赞扬有更强的渴求和反应;他们活泼好动,有强烈的"动手"参与兴趣。他们具有比普通本科高校的大学生更明显的多方面能力,却存在着理论学习兴趣不高、心理素质欠佳等弱点。因此,组织编写一套切合他们实际的素质教育教材非常必要,也非常迫切。

"'十三五'大学生素质教育丛书"由厦门南洋职业学院、厦门华天涉外职业技术学院、厦门软件职业技术学院、厦门东海职业技术学院、厦门安防科技职业学院等高职院校联合组织编写。目前已编辑出版《大学生党课教程》《开启职场之路——大学生就业与创业指导》《成长心灵　给力人生——大学生心理健康》《梦想启航——大学生入学教育读本》《大学里不可或缺的安全 Style——大学生安全教育读本》《大学生劳动教育理论与实践教程》《大学体育》等教材。

本系列教材以高等职业院校学生为对象,结合厦门实际,突出高职特点,编写形式力求灵活多样;内容力求实用,避免理论说教;语言风格力求生动活泼、通俗易懂;案例选取力争真人真事。适合大学生自学,也适合作为高校辅导员和有关教师的教育教学参考用书。

本系列教材将科学性、实用性、通俗性、趣味性融为一体,既为高职院校培养具有基本理论素养,又具备一定实践操作能力的通识型人才提供有益的帮助,也为大学生的全面发展和健康成长提供有益的指导。

由于编者水平所限,本系列教材可能存在某些不足,诚望专家和同行不吝赐教,以便我们把大学生的教育教学工作做得更好。

何卫华

2019 年 7 月

前 言

　　劳动,是人们改变劳动对象使之适合自己需要的有目的的活动,即劳动力的支出。劳动是人类社会存在和发展的最基本条件。劳动创造世界、改变未来,同时也改变着劳动者自身。卢梭曾说:"在人的生活中最主要的是劳动训练。没有劳动就不可能有正常的人的生活。"劳动创造了美,它是脑力劳动和体力劳动的完美结合。

　　习近平在2018年9月全国教育大会讲话中指出:"坚持中国特色社会主义教育发展道路,培养德智体美劳全面发展的社会主义建设者和接班人。""要在学生中弘扬劳动精神,教育引导学生崇尚劳动、尊重劳动,懂得劳动最光荣、劳动最崇高、劳动最伟大、劳动最美丽的道理,长大后能够辛勤劳动、诚实劳动、创造性劳动。""要努力构建德智体美劳全面培养的教育体系,形成更高水平的人才培养体系。"

　　我们把人们在日常学习、生活、工作中有目的的劳动力支出,帮助料理自己的生活、改善环境、创造文明、养成良好习惯的一切活动,如:打扮自身、整理物品、清扫卫生、创建文明等最必要的、最基本的劳动活动,称为"基础劳动"。这种劳动对任何人来说都是不可或缺的。由于社会发展和物质生活的极大丰富,现在有的大学生是饭来张口、衣来伸手的"小太阳",在家懒懒散散、四体不勤、五谷不分;有的连清扫卫生、整理物品、料理家务都不会。只有加大家庭和各级各类学校的劳动教育力度,才能改变这种不良社会现象。通过劳动来增强劳动意识,端正劳动态度,学习劳动技能,培养广大青少年学生的吃苦耐劳精神、团结合作精神,夯实未来干事创业的基础。培养学生的责任心和社会实践能力,让他们经风雨,见世面,丰富人生阅历,努力做好社会主义事业的建设者和接班人。

　　把学生基础劳动教育列入高职院校专业人才培养方案,作为重要的公共德育必修课,是一种可贵的探索创新。大学生基础劳动教育课程由理论教学和劳动实践周教学组成。其中,劳动实践周教学以校园室内外卫生保洁和环境美化为主要内容,旨在通过校园劳动,增强广大学生的劳动观念和意识,端正劳动态度,形成尊重劳动、热爱劳动、积极参加劳动的良好氛围,提升基础劳动技能,培养行为习惯良好的高素质大学生。

本书的编写没有同类型教材可供参考,仅依据我们试行学生劳动教育实践课的点滴,摸索编写而成。本书有一定的理论和实践知识,可作为高校劳动课教材使用,也可供广大师生阅读参考。参与本书编写的有何卫华、林峰、蓝德森、陈雪红、吴艺强、林伟杰、王五虎、吕友义、项义方、陈龙木、张苏功等同志。同时,本书的出版得到了厦门南洋学院鲁加升董事长、王豫生校长和该校党委的大力支持,在此不胜感激。

由于编者水平和时间所限,难免存在一些不足之处,热忱希望使用本书的师生提出宝贵意见,给予批评指正。

施水成

2019 年 7 月 15 日

CONTENTS

目 录

第一章

劳动概述

第一节　劳动的概念

一、劳动的概念、内涵与外延

（一）劳动的概念

劳动,是人们改变劳动对象使之适合自己需要的有目的的活动,即劳动力的支出。劳动是人类社会生存和发展的基础。它主要是指人们在生产物质资料过程中的一种付出劳动力,并能够对外输出劳动量或劳动价值的人类活动。劳动是人们在社会生活中维持自我生存和发展的唯一手段。按照传统的劳动分类理论,劳动可分为脑力劳动和体力劳动两大类。

劳动是人类活动的一种特殊形式。在商品生产体系中,劳动是劳动力的支出和使用。马克思给劳动下了这样的定义:"劳动力的使用就是劳动本身。劳动力的买者消费劳动力,就是叫劳动力的卖者劳动"。

劳动是发生在人与自然界之间的活动。其实质是通过人的有意识的、有一定目的的自身活动来调整、控制自然界,使之发生物质变换,即改变自然物的形态或性质,为人类的生产生活和自己的需要服务。

劳动创造人类,劳动创造世界,劳动创造未来。

（二）劳动的内涵和外延

关于劳动的内涵,我国宪法明文规定"公民有劳动的权利和义务"。这就要求每一个有劳动能力的人,都要把劳动看成是自己的光荣职责,必须以国家主人翁的态度对待劳动。

劳动的外延是人类实践活动的一种特殊形式,多指创造物质财富和精神财富的活动。在《中国大百科全书》（哲学卷）中，劳动被定义为"人类特有的基本的社会实践活动，也是人类通过有目的的活动改造自然对象并在这一活动中改造人自身的过程"。在经济学中，劳动则是指劳动力（含体力和脑力）的支出和使用。

本书所述劳动为基础劳动教育实践，是以促进学生形成劳动价值观（即树立正确的劳动观念、积极的劳动态度，热爱劳动和劳动人民等）和养成劳动素养（有一定劳动知识与技能、形成良好的劳动习惯等）为目的的教育实践活动。劳动还与"劳动技术教育""通用技术教育"等概念相关。不过，"劳动技术教育"强调的是技术的学习，与职业定向存在更密切的关联；"通用技术教育"则是开展基础技术教育的课程形式，"通用技术"是其教育重点。换言之，劳动教育是面向所有教育对象的普通教育，而"劳动技术教育""通用技术教育"两个概念中虽也有"劳动"的要素，但较多指向具体技术或者通用技术的学习实践等，强调重点有显著差异。

我们所说的基础劳动，是人们在学习、生活、工作过程中，为创造一个良好的、舒心的环境，而进行的必要的且是最基本的劳动。比如：室内外环境卫生的清扫与维护，把各种物品科学合理地摆放整齐，一般绿化、植被的修剪与整理等等，都是最简单、最基本、最基础的劳动，也是我们学会做人做事最根本的需要。

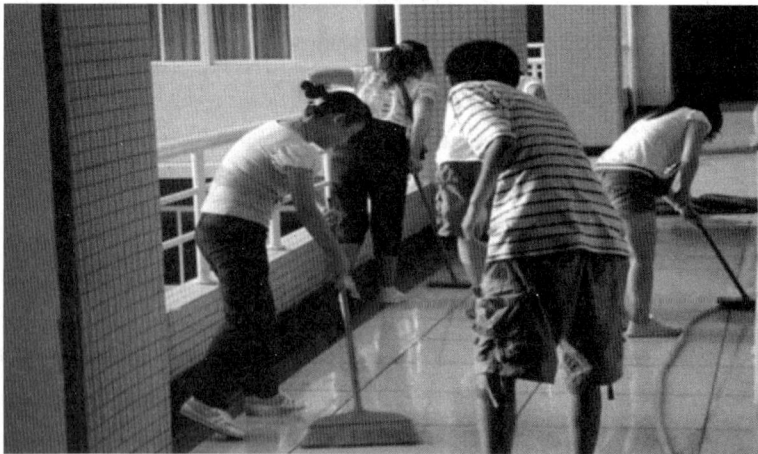

学生打扫教学楼

二、基础劳动教育课与勤工助学、义务劳动的异同

我们根据新时代党的教育方针,即"培养德智体美劳全面发展的社会主义建设者和接班人"的要求,在高职院校一年级开设基础劳动教育课,列入专业人才培养方案,作为公共德育必修课程,这是新时代对人才培养的创新与要求。

勤工助学,一般指家庭经济贫困的学生利用课余时间参加的劳动,通过工作赚取报酬来帮助完成学业。也有学生并不是为了报酬,而是想提前进入社会和企业单位,多积累一些工作经验,使自己毕业后能够顺利就业。勤工助学一般以个人自发行为为主,但也有部分勤工助学是学校有组织的行为。

勤工助学和基础劳动教育课虽然都是劳动力付出,而且都是学生在校期间的劳动,都以树立正确的劳动价值观,更好地锻炼自己为目的的劳动。但勤工助学主要是利用课余时间参加劳动活动,以获取一定的报酬或社会工作经验为目的的劳动活动。劳动教育课是指学校有组织的课程教学与实践行为,按照专业人才培养方案,规范课程教育教学和实践,建立和记录学生个人课程成绩档案,进行教学实践检查和教学质量评估要求,并且通过教育教学和实践环节来培养学生讲卫生、爱劳动、创文明的品德和吃苦耐劳的精神。

义务劳动是指不计定额,不要报酬,出于自己的自由意志而进行的各种社会服务类型的劳动活动。义务劳动更是一种无私的、道德品质好、思想境界高的劳动活动,是值得倡导的社会主义奉献精神的劳动。通过参加义务劳动活动,能起到促进人的思想洗礼,净化人的心灵的作用。

总之,基础劳动教育课是人才培养要求的课程,是学校和学生必须完成的教学任务。勤工助学是一种目的比较明确的压力型劳动。义务劳动是自愿奉献的社会服务劳动。

三、未来劳动发展趋势

未来是信息社会,很多工作需要处理复杂的工作情境,需要人们具备较高的综合素质和能力。不论劳动课程设计,还是实施劳动教育的过程,都要充分

考虑社会发展现状和未来社会对人才的需求趋势,将信息社会、信息技术等代表未来发展方向的劳动技能融入劳动教育中。美国经济学家弗兰克·利维着眼于人工智能不断发展的现实,指出计算机和人类各具比较优势,几乎所有按照既定程序操作的工作,计算机都可以完成,这些工作正在越来越多地由以计算机为代表的人工智能代替人类,留给人类可以完成的是那些需要用复杂的认知去判断、执行的工作,这些工作没有既定的规则可以遵循,需要人类通过密切交流,依据既定情境判断,从而创造性地解决。

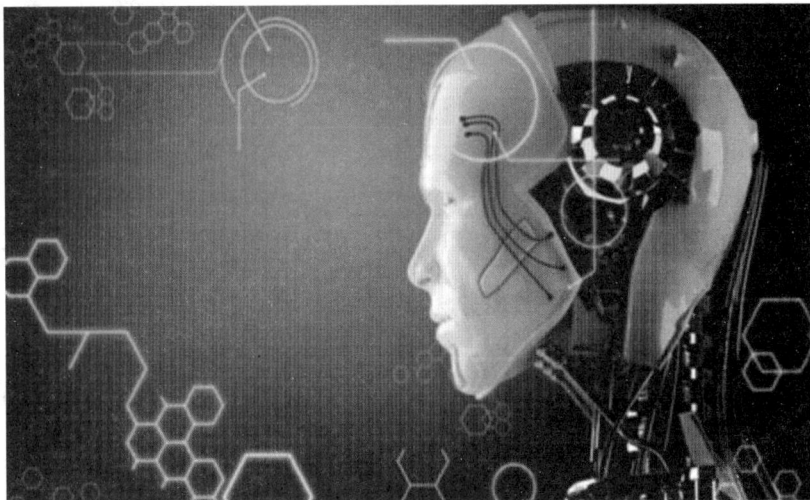

未来人工智能

如今,人工智能正在逐步取代人类的劳动力,世界人口总数在未来几十年还是会不断增加,但需要人类的工作岗位却越来越少了。随着科技的发展,简单的劳动必将被人工智能所替代。

第二节 教育方针

我们党和国家历来十分重视教育方针的制定与完善,根据社会发展变化情况，及时充实完善与时俱进的教育方针内容。

1952 年 3 月，中央人民政府教育部颁发的《中学暂行规程（草案）》和《小学暂行规程（草案）》中提出："应对学生实施智育、德育、体育、美育等全面发展的教育。"

1956 年，国家基本上完成了对农业、手工业、资本主义工商业的社会主义改造。1957 年 2 月，毛泽东在《关于正确处理人民内部矛盾的问题》的报告中指出："我们的教育方针，应该使受教育者在德育、智育、体育几方面都得到发展，成为有社会主义觉悟的有文化的劳动者。"

1958 年 9 月，中共中央、国务院《关于教育工作的指示》中提到："党的教育工作方针，是教育为无产阶级的政治服务，教育与生产劳动相结合；为了实现这个方针，教育工作必须由党来领导。""共产主义社会的全面发展的新人，就是既有政治觉悟又有文化的，既能从事脑力劳动又能从事体力劳动的人。"

1978 年 4 月 22 日，邓小平在全国教育工作会议上提出："培养人才有没有质量标准呢？有的。这就是毛泽东同志说的，应该使受教育者在德育、智育、体育几方面都得到发展，成为有社会主义觉悟的有文化的劳动者"，"我们要掌握和发展现代科学文化知识和各行各业的新技术新工艺，要创造比资本主义更高的劳动生产率，把我国建设成为现代化的社会主义强国，并且在上层建筑领域最终战胜资产阶级的影响，就必须培养具有高度科学文化水平的劳动者，必须造就宏大的又红又专的工人阶级知识分子队伍。这些要求本身就是无产阶级政治的要求"。

为了总结中华人民共和国成立 30 多年来教育工作正反两方面的经验，纠正"文化大革命"期间林彪、江青两个反革命集团对教育事业的破坏和在教育方针上造成的思想混乱，1981 年 6 月，中共十一届六中全会通过的《关于建国以来党的若干历史问题的决议》指出："努力提高教育科学文化在现代化建设中的地位和作用，明确肯定知识分子同工人、农民一样是社会主义事业的依靠力量，没有文化和知识分子是不可能建设社会主义的。要在全党大大加强对马克思主义理论的研究，对中外历史和现状的研究，对各门社会科学和自然科学的研究。要加强和改善思想政治工作，用马克思主义世界观和共产主义道德教育人民和青年，坚持德智体全面发展、又红又专、知识分子与工人农民相结合、脑力劳动与体力劳动相结合的教育方针,抵制腐朽的资产阶级思想和封建残余思想的影响,克服小资产阶级思想的影响,发扬祖国利益高于一切的爱国主义精神和为现代化建设贡献一切的艰苦创业精神。"这是党对社会主义革命和建设时期的教育方针做的一次比较具体的综合论述。

1990 年 12 月,《中共中央关于制定国民经济和社会发展十年规划和"八五"计划的建议》中提出:"各级各类学校要认真贯彻教育必须为社会主义现代化建设服务,必须与生产劳动相结合,培养德、智、体全面发展的建设者和接班人的方针。"1993 年 2 月,这个教育方针被写进了《中国教育改革和发展纲要》中。

1995 年 3 月,《中华人民共和国教育法》颁布,其中第五条所表述的教育方针为:"教育必须为社会主义现代化建设服务,必须与生产劳动相结合,培养德、智、体等方面全面发展的社会主义建设者和接班人。"

2002 年 11 月,党的十六大报告进一步明确了新时期党和国家的教育方针:"坚持教育为社会主义现代化建设服务,为人民服务,与生产劳动和社会实践相结合,培养德、智、体、美全面发展的社会主义建设者和接班人。"

2007 年 10 月,党的十七大报告提出党的教育方针:"坚持育人为本、德育为先,实施素质教育,提高教育现代化水平,培养德、智、体、美全面发展的社会主义建设者和接班人,办好人民满意的教育。"

2012 年 11 月,党的十八大报告提出党的教育方针:"坚持教育为社会主义现代化建设服务、为人民服务,把立德树人作为根本任务,全面实施素质教育,培养德、智、体、美全面发展的社会主义建设者和接班人,努力办好人民满意的教育。"

2017 年 10 月,习近平在党的十九大报告中明确指出:"要全面贯彻党的教育方针,落实立德树人根本任务,发展素质教育,推进教育公平,培养德、智、体、美全面发展的社会主义建设者和接班人。"进一步明确和发展了"立德树人"的目标、任务与使命,强调"要以培养担当民族复兴大任的时代新人为着眼点",要"加强马克思主义理论教育""广泛开展理想信念教育,深化中国特色社会主义和中国梦宣传教育,弘扬民族精神和时代精神""培育和践行社会主义核心价值观",引导青年"有理想、有本领、有担当",更好地"构筑中国精神、中国价值和中国力量"。

2018年9月10日,全国教育大会在北京召开,习近平在会上强调:"在党的坚强领导下,全面贯彻党的教育方针,培养德、智、体、美、劳全面发展的社会主义建设者和接班人,加快推进教育现代化、建设教育强国、办好人民满意的教育。"习近平总书记站在时代和全局的高度,全面总结党的十八大以来教育改革发展实践中形成的新理念新思想新观点,对坚持中国特色社会主义教育发展道路、培养德智体美劳全面发展的社会主义建设者和接班人作出部署,为加快推进教育现代化、建设教育强国、办好人民满意的教育指明了方向。

党的十八大以来,以习近平同志为核心的党中央高度重视教育事业,坚持把教育摆在优先发展战略地位,围绕培养什么人、怎样培养人、为谁培养人这一根本问题,全面加强党对教育工作的领导,坚持立德树人,加强学校思想政治工作,推进教育改革,加快补齐教育短板,使教育事业中国特色更加鲜明,教育现代化加速推进,教育方面人民群众获得感明显增强,我国教育的国际影响力加快提升,13亿中国人民的思想道德素质和科学文化素质全面提升,中国特色社会主义教育事业焕发出强大的生机活力。

在推进教育事业的实践中,以习近平同志为核心的党中央就教育改革发展提出一系列新理念、新思想、新观点,主要有:坚持党对教育事业的全面领导,坚持把立德树人作为根本任务,坚持优先发展教育事业,坚持社会主义办学方向,坚持扎根中国大地办教育,坚持以人民为中心发展教育,坚持深化教育改革创新,坚持把服务中华民族伟大复兴作为教育的重要使命,坚持把教师队伍建设作为基础工作。这"九个坚持",既是经验性总结,也是规律性认识;既是根本遵循,也是行动指南,必须始终坚持、不断丰富发展。

在2018年全国教育大会上,习近平同志明确提出,教育工作要"全面贯彻党的教育方针",强调"把党的教育方针全面贯彻到学校工作各方面"。习近平总书记在全国教育大会上有关党的教育方针的重要表述中,最突出的就是将长期以来坚持的"德智体美全面发展"发展为"德智体美劳全面发展"。这个发展可谓一字千钧,反映了中国特色社会主义建设的新要求,也从一个侧面回答了培养什么人、怎样培养人和为谁培养人这一教育根本问题。习近平同志在讲话中特别指出,要在学生中弘扬劳动精神,教育引导学生崇尚劳动、尊重劳动,懂得劳动最光荣、劳动最崇高、劳动最伟大、劳动最美丽的道理,长大后能够辛勤劳动、诚实劳动、创造性劳动。

劳动课后的喜悦

第二章 高校劳动教育课组织机构及工作职责

第一节　学校组织机构及工作职责

大学生基础劳动教育课既是一门思想品德教育和文明校园创建课程，又是一门改变师生行为习惯、学会做人做事的实践课程。要教育实践好这门课程，一定要有较强的策划力、组织力、执行力，才能达成劳动教育课的效果。否则，这个课就是一盘散沙，成为一门自由"放羊"式，没有任何教育效果的课程。

为了有序和规范地实施劳动教育课，学校一般应成立"劳动教育课教学委员会"和教研室等机构，主要负责劳动教育课程的策划、指导、组织、实施、检查和管理等教学教务工作。

一、劳动教育课教学委员会及工作职责

学校劳动教育课教学委员会设组长一名，一般由学校负责思想政治工作的党委书记担任；设副组长 2 名，一般由分管学校教学工作和分管学生工作的副校长担任；设成员若干名，一般由教务处、学生工作处、后勤处、督察室和各二级学院的主要负责人参加。

学校劳动教育课教学委员会主要职责：

1.加强劳动教育课的思想政治工作，进一步明确实施劳动教育课的目的，端正劳动态度，教育广大学生积极参加劳动。

2.结合学校的实际，建立和完善劳动教育课各项规章制度。

3.负责研讨劳动教育课有关教育教学重要政策规定。

4.及时解决劳动教育课学生反映的重要问题，督促劳动教育课取得最佳效果。

5.努力探索、改革高校劳动教育课实施和管理模式，不断丰富劳动课内容，创新教育教学形式。

二、劳动教育课教研室及工作职责

高校开设劳动教育课,是一门新增加的思想教育必修课,按照教学要求,应成立课程教研室,主要负责全校各专业劳动教育课程教学计划、组织实施、教研活动和日常管理等工作。

劳动教育课教研室接受教学委员会的直接领导,接受教务处的业务指导和督察管理工作。教研室应设主任一名,一般由学生工作部(处)长担任;成员若干名,一般由各二级学院分管学生工作的副院长和学生教育科长或副科长参加,各学院具体组织实施劳动教育课的辅导员、班主任等参加。

劳动教育课教研室的主要职责如下:

1.负责起草劳动课的教学计划、组织实施、检查考评、成绩录入、学分管理和奖惩等规章制度。

2.加强劳动课的普遍教育,明确劳动目的,端正劳动态度,充分调动广大学生参加劳动的积极性。尤其要做好少数学生耐心细致的思想教育工作。

3.具体负责劳动教育课的计划组织、理论教学、技能培训、实践指导、考勤管理、检查督促、讲评反馈、问题整改和资料整理等工作。

4.认真了解和掌握劳动教育课实施过程中反映出来的问题,做好家校联系沟通,及时解决问题。

5.按照教务处的安排,结合劳动教育课存在的问题,开展教育教学经验交流、集体备课和研讨活动。

6.不断探索创新大学生劳动教育课方法和形式,丰富劳动课程内容等。

第二节　行政相关部门工作职责

劳动教育课作为一门思想政治教育必修课,按照教学规定和组织实施劳动教育课的实际,以下部门具有分工负责的工作职责。

一、教务部门工作职责

1.负责指导协调各学院按照新时代党的教育方针,即:"培养德、智、体、美、劳全面发展的社会主义劳动者和接班人"培养目标,修订各专业人才培养方案,审核批准专业人才培养方案。

2.负责指导劳动教育课教研室,根据学校教学规定和劳动课的计划安排,组织劳动教育课程日常教学管理工作,规范课程教学流程、检查督促教学与实践效果,及时整改存在的问题。

3.负责每学期期初、期中、期末三次大检查,不断规范课程体系制度,完善课程教学存档资料,提高课程教育教学质量,努力使劳动课教育教学更加制度化、规范化。

4.负责劳动教育课学生个人课程成绩、学分管理,指导课程补考、重修等工作。

5.负责指导劳动教育课教研室做好劳动教育课程的教学改革,不断探索创新劳动教育课的教学和实践内容、形式和方法。

二、学工部门工作职责

(一)领导劳动教育课教研室

根据教务部门有关课程教学规定和劳动教育课的实际,不断制订和完善符合劳动教育课实际的课程体系,科学制订学年度劳动教育课教学实践计划安排,并指导实施,健全劳动教育课规章制度,使劳动教育课更加制度化、规范化。

(二)加强劳动教育课宣传教育

加强对广大学生劳动教育课的宣传教育工作,组织实施新时代党的教育方针的教育,充分认识高校开设劳动教育课的重要性和必要性,明确课程建设目的,端正劳动态度,努力营造劳动教育课的教育宣传氛围。

(三)协调院(系)课程安排、具体实施

负责指导协调院(系)做好劳动教育课的组织实施、检查督促、问题整改等工作,主动协调各职能部门劳动教育课教育教学,特别是实践课有关工作,及时协助解决劳动教育课的有关问题。

(四)指导院(系)和辅导员工作

及时了解掌握学生对劳动教育课的思想反馈,树立和宣传吃苦耐劳表现突出的典型,耐心细致地做好个别学生的思想政治教育工作,广泛调动大家参与劳动教育课的积极性、主动性。

(五)指导资料归档工作

指导劳动教育课教研室按照课程建设的要求,收集、整理、归档,规范地做好劳动教育课的存档资料。做好每学年教育教学工作总结,开展好各项教研活动。

(六)组织做好课程的探索与创新

在开展组织实施劳动教育课过程中,应及时收集劳动教育课程教学过程中的新情况,出现的新问题,及时组织分析研讨对策,不断探索新时代大学生基础劳动教育课新形式、丰富新内容、取得新效果。

三、后勤部门工作职责

(一)提出符合实际的劳动标准

后勤部门作为文明校园创建的重要职能部门,应根据校园文明卫生、环境绿化等要求和广大学生的实际,提出校园基础劳动的有关标准。如教室、实训实验室、大厅、走廊、厕所等室内的地面、墙面、桌面、门窗面、玻璃面和天花板的清扫干净的标准,提出广场、道路、运动场、篮球场、人行道、绿化带(地)等室外清扫、清捡干净的标准。使学校劳动教育课的组织实施者对照标准提出要

求,更加有的放矢。

(二)组织劳动技能和方法培训

后勤总务部门应定期组织学生骨干进行劳动技能和方法的培训,进行好正确的劳动姿势培训,掌握好各种劳动工具的使用方法,学会爱护劳动工具。熟练地掌握劳动技能和劳动工具,包括现代智能劳动工具的使用方法和技能,可以极大地提高劳动教育课的质量和效果。

(三)协助做好劳动课日常检查

后勤总务部门和学校督察部门共同履行劳动教育课日常实施情况的检查指导工作,及时巡查发现校园各区域劳动教育课存在的各种问题,及时提出整改意见,协助抓紧抓好整改落实工作,提升劳动教育课的日常教学工作质量。

(四)参与统一组织的劳动督查

一般情况下,学校每周组织一次全面的、彻底的劳动教育课检查,按照统一组织和分工负责相结合的检查方式,认真详细检查,发现问题及时汇报并提出整改意见,落实好自己的检查责任。

(五)做好劳动教育课工具保障

根据劳动教育课参加学生数所需要劳动工具和劳动工具正常损坏情况,及时按程序申请、审批、购买和补充,切实保障好劳动教育课所需要的劳动工具。

第三节 二级学院工作职责

院(系)是大学生劳动教育课程的直接领导和组织者,负有重要的课程教育教学和实践责任。高校教师和辅导员是大学生思想政治工作教育管理、组织者,对大学生基础劳动教育课程负有直接和具体组织落实的责任。

一、院(系)职责

(一)纳入人才培养方案

根据学校劳动教育课教学委员会和教务处有关课程教育教学要求,纳入重要的议事日程,制(修)订各专业人才培养方案,报教务处审批执行。

(二)制(修)订规章制度

制(修)订劳动教育课教育教学有关规定制度和教学计划,完善人才培养方案和教学计划的具体规定与措施,认真落实劳动教育课的教学制度、计划和奖惩规定。

(三)明确领导分工

明确院(系)领导对劳动课教育教学和组织实施的分工负责,加强各班级劳动课的督促检查,及时发现整改问题,不断提高劳动教育课的教学实践效果和质量。

(四)做好宣传工作

要做好劳动教育课的普遍宣传教育,按照课程要求上好劳动教育理论课,增强劳动意识,端正劳动态度,重视发现劳动实践过程中的好榜样,做好学生的思想宣传教育工作。

(五)完善课程档案资料

要按照课程教学管理规定,及时收集劳动教育课的各种教学资料,做好考勤和教学登记,规范整理,完善归档。要及时录入学生的课程成绩,做好补考重修工作。

(六)做好课程改革创新

要不断做好劳动教育课的理论教学与实践改革,不断探索新时代在高职院校开设劳动教育课程的途径与方法，尤其是与专业建设相结合的劳动教育，不断增强劳动教育教学的教育效果，努力达成人才培养目标。

二、教师或辅导员职责

（一）详细计划，分工负责

根据学校教务部门和学工部门关于开设开展大学生基础劳动教育课程的规定，对照各自参加劳动教育课的班级及人数，制订详细的劳动课计划，分成区域劳动小组，指定小组长负责，做好分工负责。组织班委会议和班会，明确有关规定，提出落实好劳动教育课的具体措施和要求。

（二）重视教育，统一思想

教师或辅导员根据学工部门和劳动教育课教研室的布置和要求，组织好4课时的劳动教育理论课的备课，充分准备，编写好教案，并认真组织教学，做好劳动教育理论课教学登记、考勤登记、过程登记、效果评价登记，形成完整的理论教学资料。

（三）遵守制度，落实规定

负责劳动教育课组织实施的辅导员，应坚持劳动教育课课程标准和制度，做好每天早上集合考勤登记和管理工作，做好每天劳动实践课结束后的小结讲评，加强劳动课实践过程中问题的自查整改工作，重视劳动教育课实践过程中的好人好事的宣传和氛围营造工作，做好劳动课教育教学总结。

（四）交流经验，树立典型

教师或辅导员在劳动教育实践中，注重收集树立在劳动中不怕苦、不怕累、不怕脏、吃苦耐劳的典型，组织撰写心得体会和交流经验。注意利用实践过程，发现考察班团干部，给予评先评优，培养入党积极分子和发展党员。

（五）耐心细致，做好工作

加强思想教育工作，对少数认识不到位、态度不端正、出工不出力，甚至找借口请假躲避劳动等行为,要及时沟通,做好耐心细致的思想教育工作。对个别我行我素、屡教不改、无特殊原因不参加劳动的问题学生,除给予补考、重修外,还应严肃教育、批评,直至纪律处分。

（六）加强自查,提高效率

校园劳动由于点多、面广、线长,应科学组织,合理分配和分工。要组建一支 5～8 人由辅导员牵头、熟悉校园环境和有较强管理能力的督察小组,在劳动中反复巡查,发现问题当场整改,提高劳动课的质量和效率。

（七）收整资料,分类存档

教师或辅导员要根据学校有关课程教学管理规定的要求,认真完整收集课程计划备课教案、成绩登录和分析表、考勤表及课程教学实践总结等,填写整理好教学情况登记表,由教研室存档保管。

学生开心劳动

第三章
高校学生基础
劳动教育课

第一节　课程概述

一、课程性质

基础劳动教育课是锻炼提高学生的综合素质和能力,树立劳动观念,端正劳动态度,学习劳动技能,增强自我管理、自我服务意识,培养广大学生吃苦耐劳的优良品质和合作意识,养成爱劳动、守秩序、讲卫生、做文明人的良好习惯的基础性课,是一门品德实践教育必修课程。

二、课程目标

通过劳动教育和实践,端正学生对劳动的思想认识和劳动态度,掌握劳动技能,增强团结协作,传承吃苦耐劳、艰苦奋斗和珍爱劳动成果的优良品质,提高学生的文明素质和综合素质,培养广大学生好的文明行为习惯,弘扬劳动精神,教育引导学生崇尚劳动、尊重劳动,懂得劳动最光荣、劳动最崇高、劳动最伟大、劳动最美丽,树立正确的世界观、人生观和价值观,促进德、智、体、美、劳全面发展。

三、课程课时

劳动教育课列入全校各专业人才培养方案和课程教学计划,学生在校第一学年期间,参加以班级为单位组织的劳动教育课理论教学和集中劳动实践周,共计 40 课时。其中,劳动教育课理论教学(包括技能培训)为 4 课时,应在班级劳动实践周的前一周组织进行。劳动实践周为星期一至星期天,共 7 天,周总计 36 课时,即星期一、星期二、星期四和星期五每天按 6 课时计算,星期

三、星期六、星期天每天按 4 课时计算。另外,周三下午安排 2 课时的义务劳动活动。

四、课程学分

劳动教育课总课时计 2 学分。学生个人修满课时、达到理论考试和实践考核标准,并且劳动态度端正、遵守劳动纪律、劳动效果明显,结合个人平时行为习惯评定课程成绩,60 分及以上为及格,未达到 60 分者应重新修读,学生所获学分、成绩记入个人档案。

第二节　理论教学内容和基本要求

一、开设劳动教育课的意义

劳动教育是教育发展的在内在需求,是社会主义教育的重要特色和优势。劳动教育既能引导学生热爱和尊重劳动,弘扬劳动精神,又是开展教育工作的重要保障和必然选择。

(一)劳动教育是遵循马克思主义教育思想的必然要求

对照人类社会的发展史,无论人类解放和自身发展,还是获得财富都离不开劳动,幸福也需要通过劳动创造。马克思提出了生产劳动与教育相结合的劳动教育思想,并确定为办好社会主义教育的一条重要原则;不同于普通的教育思想,他从唯物主义角度阐述了系统全面的劳动教育思想,把劳动教育提升到普遍规律的高度之上,强调人的解放需要开展劳动教育,从根本上明确教育应当"为人、对人、靠人"。劳动有助于人们获得生产生活经验和增强个人奋斗的主动性。

（二）劳动教育是立德树人的重要途径

立德树人既是教育的根本任务，也是检验教育成效的根本标准。立德树人的目的在于培养"德、智、体、美、劳"全面发展、合格的社会主义建设者和可靠的接班人，劳动教育则是实现立德树人目标的一个重要过程和重要方面。首先，劳动教育丰富了教育工作的内涵，促使学生端正劳动态度并树立正确的劳动观念，能够培养学生对于劳动和劳动人民的思想感情，逐步养成热爱劳动、善于劳动以及勤于劳动的素质。其次，劳动教育和道德教育紧密联系，劳动教育也是加强德育的过程。因此，道德教育与劳动教育相结合也是德育的一种方法。我国历来注重劳动教育的重要作用和实际意义，将劳动视为形成良好道德品质的重要途径，"德之根在心，人之本在劳"，二者结合就是立德树人的根本。

（三）劳动教育的实际作用和现实需要

马克思高度肯定了劳动对于创造人和创造历史的重要意义。因此，劳动教育是劳动和教育的有效结合，一方面发挥了劳动的实践效用，通过利用和总结实践经验实现了理论和实践相结合、知行合一，人们得以在实践中学习、在学习中实践；另一方面发挥了教育的效用，增进了学生对于劳动生产知识和技术的认识与理解，提高了学生的劳动实践能力以及分析和解决问题的水平。因此，劳动教育与德育、智育、体育、美育密不可分，有助于完善教育工作，培养"德、智、体、美、劳"全面发展的人才。"以劳动托起中国梦"是习近平对于历史和现实的清晰判断，只有加强劳动教育才能培养出一大批勤于劳动和善于劳动的人才，才能符合新时代教育发展的根本要求，也是实现个人梦想和国家梦想的一个重要选择。

在现实生活中，由于社会物质生活的丰富和传统的家庭教育的方法有失偏颇，小孩应该做的事情都由家长包办了，致使一些小孩在家力所能及的事情都不肯去做、都没有做过，过着饭来张口、衣来伸手的"小太阳"生活。部分大学生连起码的洗衣、扫地、整理物品、料理个人的日常生活小事都做不来，都不会做。贯彻落实党的教育方针，把"劳"作为培养目标之一，是当前社会现实的需要，更是年轻一代为实现"中国梦"和中华民族伟大复兴的需要。

二、劳动观、奋斗观、幸福观主题教育

(一)劳动的价值

劳动观是人们对劳动的根本看法和态度,是人们世界观和人生观的重要组成部分。劳动是创造物质世界和人类历史的根本动力,劳动、劳动者神圣光荣;劳动是一切社会财富的源泉,按劳分配是合乎正义的分配原则,不劳而获、少劳多得可耻不义;劳动具有教育性价值,教育与生产劳动相结合,不仅体现出社会主义教育的本质,而且热爱劳动、积极参加劳动,才能实现个人的健康成长。不爱劳动、不愿劳动,过寄生虫生活,会阻碍个人的全面发展,实现不了人生价值。

(二)用劳动奋斗出幸福新时代

劳动是推动人类社会发展的根本力量,也是通向伟大梦想的进步阶梯。幸福是奋斗出来的。世界上没有坐享其成的好事,天上不会掉馅饼,努力奋斗才能梦想成真。对家庭而言,没有劳动就没有物质财富的积累,就没有生活条件的改善;对个人来说,劳动不仅筑牢了成功的坚实底座,也凝结成宝贵的精神财富。新时代的劳动者,只要肯学、肯干、肯钻研,练就一身真本领、掌握一手好技术,就能找到人生出彩的舞台,在劳动中发现广阔的天地,在劳动中体现价值、展现风采、感受快乐。

三、劳动实践课安全注意事项

1.负责打扫学校大门口的学生,在打扫时应小心过往车辆,注意及时躲避。

2.负责打扫楼前楼后的学生应小心楼上的同学往下丢东西,防止被砸伤。

3.负责打扫各专用教室、实验实训室的学生,别乱动不认识的东西,防止出现一些不必要的损伤。

4.负责擦门的学生应注意把门上锁,防止在门后打扫时,有人突然推门造成受伤。

5.负责擦玻璃的学生应该注意防止从窗台上摔下来。

6.负责擦灯管、电扇、挂画的同学除注意摔伤外,还要小心触电,开灯时绝不能擦灯管。

7.负责打扫台阶的学生防止踩空、摔伤。

8.负责清理垃圾道的同学应注意垃圾道里的一些碎玻璃、石头等,防止对自己造成伤害。

9.打扫中杜绝玩耍打闹,防止误碰其他同学,致使自己和他人受伤。

10.打扫中应留意他人,以免对他人造成伤害。清理垃圾道的同学使用铁锹时,注意别误碰伤他人,负责打扫楼上的同学忌高空抛物。

四、理论教学基本要求

(一)明确目的

应明确劳动教育的教学目的,通过理论教学,达到提高学生对劳动教育课的认识,增强劳动意识,掌握基本的劳动知识,明确劳动教育的目的意义、劳动教育的组织形式和方法等。

(二)充分准备

劳动教育理论教学老师要提前做好调查研究,收集有关资料,结合学生缺乏的和实际需要的,认真准备教案,做好教学课件,使用多媒体教学,提高课堂教学效果。

(三)讲究方法

重视劳动教育课程教学改革,应采取研究讨论式、启发互动式教学,必要时可以把课堂搬到现场去,贴近实际进行理论教学,增强课堂互动性,活跃课堂氛围。

第三节　劳动实践教育课程内容与要求

一、劳动实践教育课程内容

1.教学楼。主要包括楼内各教室和走廊、楼梯、露台、休闲场所、公共卫生间及周边等区域。

2.实训楼。主要包括楼内各实验实训室、走廊、楼梯、露台、休闲场所、公共卫生间及周边等区域。

3.活动中心和图书馆。主要包括活动中心和图书馆各活动室、藏书室、阅览室、走廊、礼堂、露台、报告厅、休闲场所、公共卫生间,各类办公室、资料室及周边等区域。

4.师生公寓。主要包括公寓各楼内走廊、楼梯、露台、值班室、休闲场所、庭院内及周边等区域。

5.道路、广场。主要包括校内各机动车主、次干道,人行道和小道等。广场主要有集会广场、休闲广场、运动场、停车场、各种球类场等区域。

6.食堂、车库。主要包括校园所有食堂和餐厅,地下人防设施和地下停车库及周边等区域。

7.校内绿化地、生态园等。主要包括校园内各区域的绿化地、绿化林、校园湖(池)、果树园、生态园及校园周边等绿化区域。

8.校园其他有关区域等。

高校校园总体上说有上述主要区域,而这些区域内的清扫卫生、整理物品、优化环境等工作,一般可以安排学生的基础劳动教育与实践课、师生的义务劳动、校园文明创建或者志愿者活动完成。

二、劳动实践教育课程要求

1.学校应成立劳动教育课领导小组,主要负责专业人才培养方案的修订,决定劳动教育课有关教育教学、组织实施、检查考评、成绩管理、学分登录和奖惩等规章制度,督促劳动教育课取得好的数学效果。

2.劳动课教研室主要负责专业人才培养方案的完善,负责劳动教育课的教学与管理实施,劳动教育课情况考核汇总,个人成绩评定与录入,根据学生劳动教育课成绩情况确定补考、重修和是否发放毕业证书等。

3.二级学院应成立以院长助理为组长和有关辅导员、教务员等为成员的劳动教育课实施工作小组,各班级应成立以班长、团支部书记为负责人的劳动教育课组织管理和考评小组,根据校园劳动区域范围,划分成若干个劳动小组和一个考评小组,把班级学生劳动教育课落到实处。二级学院和班级主要负责劳动教育课的理论教学、具体组织实施、过程管理、考评奖惩、问题整改、学分登录和学生劳动教育课过程中的思想教育等工作。

4.参与劳动课的学生要认真上好劳动理论课,参加有关培训,掌握必要的劳动知识和技能以及有关安全注意事项;熟悉劳动的项目、范围、劳动标准和目标要求;劳动过程中,劳动态度要端正,不怕苦,不怕累,按时上下岗,不得迟到、早退、串岗和旷工;服从安排,听从指挥,积极主动完成工作,不消极怠工,完成规定的课时和学分;在劳动期间,要爱惜劳动工具和学校设施,节约用水。

5.环境卫生要求。室内区域:保持过道、台阶、地面等干净、无积水、无烟头、无各种垃圾;桌面、墙面、天花板、窗户、玻璃和门面保持清洁卫生,无乱张贴张挂,无灰尘和蜘蛛网等。室外区域:无树叶、烟头等垃圾和杂物堆积,保持室外公共卫生环境干净、整洁。

第四节　高校基础劳动教育的发展趋势

随着科学技术和人工智能的发展,为了降低人工成本和提高劳动效率,未来基础劳动工具将出现更多智能型清洁设备和环卫设备,如电动扫地车、洗地机、电动尘推、高压清洗机、三轮冲洗车等。同时,劳动方式也会随之发生变化,传统的机械性劳动,将被自动化机器、智能机器人取代。

一、电动扫地车

大学校园占地面积大,师生多,产生的垃圾也多,绿化好,树木秋冬季节或者树叶更换新叶的时候常常有很多树叶枯枝洒落,这个时候就需要扫地车进行清扫,依靠人工清扫费时费力。电动扫地车非常契合环保的理念,是一种必不可少的清洁神器。

二、洗地机、电动尘推

学校食堂、体育馆等室内地面的清洁比对室外更加严格,可以使用洗地机、电动尘推车,让地面达到一尘不染的效果。

三、高压清洗机、三轮冲洗车

高压清洗机是一款非常高效率高效果的清洁工具,其利用水射流技术能够将一些难以清理的污渍轻松地祛除。三轮冲洗车是在高压清洗机的原理上进行了升级改造,将其变成了一款行走的高压冲洗车,将作业范围扩大,应用范围延伸,在校园中多用于路面的冲洗。

第四章
劳动（保洁）工具功能与使用方法

第一节 大、小扫把

一、大(竹)扫把

竹扫把,大家都不会感到陌生,因为这是我们家家户户和保洁公司都常用的一种保洁工具。利用它能够给我们营造一个干净舒适的生活环境。大(竹)扫把是一种高度约为 1.5 米的毛竹子捆扎起来做的扫把。其实早在四千年前的夏代,第一把大(竹)扫把就被一个叫少康的年轻人发明出来,所以大(竹)扫把的历史已经很悠久了。不过即使经过这几千年,大(竹)扫把依然备受欢迎。其使用方法一般如下:

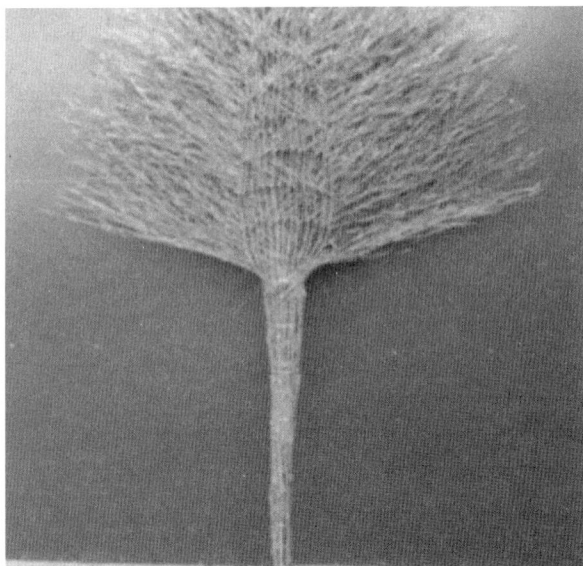

大(竹)扫把

大扫把清扫落叶

二、一般小扫把

　　扫把也称作扫帚，是扫地除尘的工具，用竹枝扎成，起源于中国。早在四千年前的夏代，有个叫少康的人，一次偶然看见一只受伤的野鸡拖着身子向前爬，爬过之处的灰尘少了许多。他想，这一定是鸡毛的作用，于是抓来几只野鸡拔下毛来制成了第一把扫帚。这亦是鸡毛掸子的由来。由于使用的鸡毛太软，同时又不耐磨损，少康即换上竹条、草等为原料，把掸子改制成了耐用的扫帚。

　　现今，世界上的大部分地区广泛应用一种用高粱秆做的扫帚。其来源是18世纪，美国为了发展农业，提倡农大种植高粱。于是，高粱的栽植遍及美国。有一天，哈得里的一个老农夫需要一把新扫帚，他砍了些高粱秆，用绳子扎了一个，既耐用又好用，于是大家争先效仿，开始用高粱扫帚，从而使美国出现了高粱扫帚制造业。直到现在，扫帚仍在普遍地应用。

小扫把

在室内通常使用的是塑料扫把,室外则通常使用竹扫把或高粱扫把。使用塑料扫把可以增强地板的耐磨度和防潮性,使用寿命长,适合一切平滑地面。它的优点是不起尘、不挂毛、弹性好,并且造型美观大方,能清洗、不脱毛、耐磨性强。塑料扫把通常采用柔软刷毛,这种材质弹性好,使塑料扫把操作时干净利落,对衣物、家具、电器等的表面无损伤。

塑料扫把

三、使用方法

(一)握法

用一只手的大拇指按在扫把的把端上(既可用力,又控制方向),并用其他手指把握住,另一只手则在把端下方30～40厘米处握住。

姿势:上身向前微探,但不可太弯曲,取不易疲劳的自然姿势。

(二)清扫方式

1.室内地面多用按扫方式,扫帚不离地面,挥动扫把时,稍用臂力向下压,既把灰尘、垃圾扫净,又防灰尘扬起。地面灰尘多时,每扫一次,应在地上墩一墩,以拍除沾在帚端上的尘土、垃圾。

2.为了不踩踏垃圾,应不断向前方扫,从狭窄处往宽广处清扫,从边角向中央清扫,室内清扫时,原则上由里向门口扫。

3.清扫楼梯时,站在下一阶,从左右两端往中央集中,然后再往下扫,防止垃圾、灰尘从楼梯旁掉下去。

4.随时集中垃圾、灰尘,将其扫入簸箕。

5.顺风扫,勿逆风扫。

第二节　面板平拖把

一、面板平拖把及使用方法

一般地面清洁卫生有两个流程。先是使用扫帚和簸箕清扫地面残渣、砂子等颗粒状垃圾,紧接着使用拖把来清洗地板。

面板平拖把因其使用方便、清洁高效、便于清洗等优点受到越来越多人的喜爱和使用。面板平拖把按装卸方式可分为粘扣式和口袋式;按面料材质可分为干拖和湿拖,不管何种款式的平拖,使用方法基本一致。面板平拖把多用于家庭、宾馆、办公室、医院、大厅等瓷砖、大理石、水磨石、地板等光滑地面的反复清洁。通常一个房间配置一块拖把头,清洁完一个房间后,马上更换一个拖把头,直至所有房间清洁完后,拖把头统一清洗。下面介绍面板平拖把的使用方法。

1.先将若干个拖把头置于桶中,用清水或添加消毒液的水浸湿,然后拧干水分,取出一个拖把头平放在地面,将拖把插入拖把头。如果是在公共场所,拖地前,先放置一块警示牌以防路人滑倒。

2.双手握住拖把杆的顶部和中部,左手在拖把杆顶部,右手在拖把杆中上部,握杆时拇指都保持在上方。

3.先用拖把沿着墙角推直线,然后将拖把采用8字形的路线,人体直立不弯腰,以后退的方式左右移动,通过右手的手腕用力来回旋转拖把杆,将拖把的一侧始终沿着一个方向推动。通常一个45厘米宽的拖把头,一般可以清洁20平方米的房间,一个60厘米宽的拖把头,可以清洁30平方米的房间。一个房间(或场所)清洁完后,取下拖把头,放入清洁袋中,接着更换拖把头再清洁另一个房间。

二、面板平拖把的清洗方法

为保持拖把的清洁,及时清洗拖把是必不可少的,如何正确地清洗干净拖把呢? 首先用很少的水(没到拖把头的一小半的量)加上一点洗衣粉或其他洗涤剂浸泡30分钟。用手快速把拖把从水中提起离开水面后,再稍用力把拖把掼入水下反复数次,然后以相同水量和同样方法,再清洗一次。这样洗拖把既省水,又干净。千万不要用太多的水洗拖把。要是用桶更不可以放太多水,因为每次将拖把从水中提起,又掼入水中时,由于水和外界空气加入并挤出的过程才使得拖把很快干净。水多会导致空气很难加入,还会把清洗的人弄得满身污水。而放入的洗涤剂则起到清洁和杀菌的作用。必要时也可加入除菌剂,如84消毒液等,这能让拖把更加干净,并且含菌量比较少。

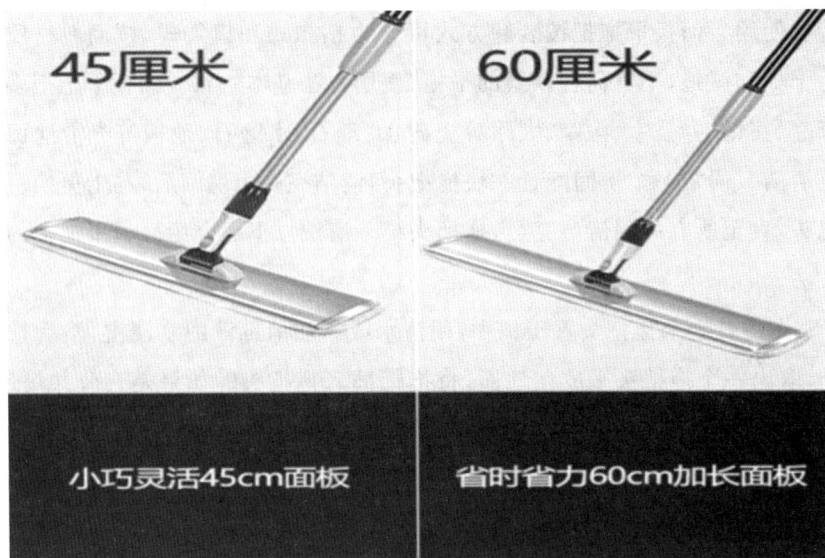

面板平拖把

三、面板套布平拖把及使用方法

面板套布平拖把不但使清洁者感到轻松方便,做清洗工作时省时省力,而且在家居清洁的功能上也是很强大的,比如一些柜底、角落都可以打扫。面板套布平拖把使用方法:

(一)正确组合面板套布平拖把

将旋转拖把的面板平整地放在地上,然后将拖把盘和拖把头对准,垂直状态按下去,再稳稳用脚轻轻踩下拖把盘,当听到咔嚓一声响的时候,即完成组装。

(二)正确使用滑套保护

在脱水的时候,单手轻握滑套以固定握把,可以有效地保护双手,起到防滑、防磨的作用。同时在使用时,将滑套移至把手顶端,可以避免上下滚动。

面板套布平拖把

安装操作步骤
INSTALLATION OPERATION STEP

支架安装

1 塞入支架　　2 对准调整　　3 系上系带

杆子连接

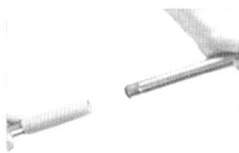

1 对准2头连接口　　2 对准塞入　　3 旋转锁住

卡扣设计

1 不锈钢杆子接口　　2 按下卡扣夹住　　3 锁住固定好

面板套布平拖把安装操作步骤

(三)正确调整角度

握把的角度可自行调整至 45 度、90 度、180 度等,按照卡槽方向上下轻轻调整即可。布条清洁时,保持握把直上直下移动,可均匀洗净拖把头。在脱水时,要将拖把头水平放入,把手须直立向下投入,之后轻握把手即可,注意把手勿倾斜。

可 360° 旋转拖把

(四)正确进行干洗控制

做到单脚上下轻踩踏板即可迅速脱水,可以说是安全不费力,还可去污、洗净。当然对于干燥的不同需求,可以调整脱水时间长短的方式控制好布条的干湿度。

面板套布平拖把是一种很新颖的家居实用工具,方便轻巧,可以大大降低工作强度,打扫卫生也更清洁彻底,而且旋转拖把还有一个好处就是可以换头,如果拖把头脏了、坏了,换一个新的即可。

第三节　簸　箕

一、簸箕功能介绍

簸箕释义有三种,一是一种铲状器具,用以装垃圾;二是用藤条或去皮的柳条、竹篾编成的大撮子,扬米去糠的器具;三是指簸箕形的指纹,指纹的一种,每个人的指纹都是不一样的,中间成封闭圆形的谓之"箩"(民间多称为"斗"),如果开口延伸出去谓之"簸箕"。

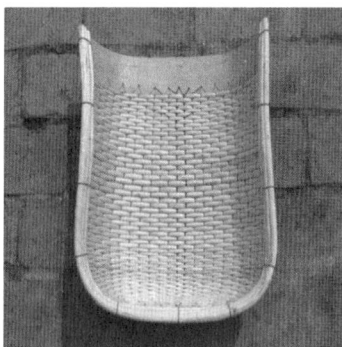

簸　箕

二、簸箕使用方法

簸箕是我们生活中常用的清洁用具之一。通常,人们用扫帚扫垃圾时,总会用簸箕将垃圾收存起来。普通簸箕是三面有边缘而前方敞开(形似铲子)的一种器具,这种普通簸箕虽然结构简单,使用簸箕清扫垃圾时底面尽量贴地再将垃圾扫入簸箕。但使用时,人需过度弯腰,加之容积小,又是敞开式,不适合环卫工人使用。目前,环卫工人为了避免这种普通簸箕的缺点,有的使用编织袋改制的工具代替簸箕收集垃圾。

簸箕的使用

第四节　现代保洁常用工具

随着人们对生活质量要求越来越高,对生活环境要求也越来越高,为此保洁工具也越来越多,下面介绍几种现代保洁工具。

一、手推式扫地机

手推式扫地机是纯机械传动、免维护的清洁工具。无须电源线和电池及任何动力源,只要推着步行就可以将垃圾回收到垃圾箱内。其将清扫与收集同时完成,工作效率高。

手推式扫地机的主要特点有以下七点。

1.使用方便:推着行走就可以将垃圾轻松回收到集尘箱内。

2.无须任何动力源,纯机械传动。

3.维护简单:全机身用水冲洗即可。无须更换电池。

手推式扫地机

4.省工、省力、高效:将清扫与收集同时完成,扫地效率是人工的4～6倍。

5.经久耐用:整机采用工程塑料制造,抗腐蚀、耐老化、不变形。

6.储运方便:手提把手方便搬运,直立存放节省空间。

7.损耗小:主刷和双侧高度可以调节。保证工作效率的同时最大限度减少损耗。手推式扫地机特别适合清扫街道、小区、公园、庭院、学校、车间、库房以及大型活动场馆等不宜使用动力驱动清扫设备的场所。

二、工业型扫地机

工业型扫地机是采用环保新能源蓄电池为动力,在小型车辆底盘上加装风机、电机,下面安装边刷、滚刷,扫吸结合的清扫机械。

工业型扫地机的主要特点介绍如下。

1.工作效率高:每小时可以清扫8000平方米左右。

2.成本低:电动扫地车可以替代12～15人工打扫,节省人力成本。

3.效果好:电动扫地车采取扫、吸结合的方式,比传统人工打扫少了很多粉尘。

4.安全性能高:让清洁工人身处安全环境(马路上快速行驶的车辆太多,人工打扫不够安全)。

工业型扫地机

三、垃圾装运车

垃圾装运车一般分为自卸式垃圾车和挂桶式垃圾车。

自卸式垃圾车又称为垃圾收集车,可用于沿街定时收集生活垃圾。垃圾厢上两侧带垃圾投入口,适用于生活小区、商业区定时进行垃圾收集。车上带音乐喇叭,人们听到垃圾车音乐后即可将打包好的成袋的垃圾拎出,投进垃圾箱内,这样避免了垃圾堆放造成的环境污染,养成"垃圾不落地"的良好氛围。

自御式垃圾车

挂桶式垃圾车又称自装卸式垃圾车,可配合国标铁制或塑料垃圾桶使用。这种垃圾车通常和街道边的垃圾桶配套使用,其最大的特点是可自动将垃圾桶抓取、提升、倾倒、放下。

挂桶式垃圾车

整个作业过程由驾驶员在驾驶室内完成,效率高。挂桶垃圾车由底盘、厢体、自动提升装料装置、液压系统、操作系统等组成。

四、清洁机器人

壁面清洗机器人采用两个伸缩气缸,呈十字形交叉,分别固定到中间连接板,行走时采用十字交叉原理进行上下及左右移动,该机器人靠其十字的四只脚部吸盘组产生的吸力紧贴玻璃,吸盘组带起升气缸。机器人上下行走的后部连接清洗装置,清洗装置由滚刷和雨刷组成,滚刷由一个电机驱动进行清洗工作,雨刷安装在清洗装置底部的四周,使清洗装置密闭不漏水,同时起一定的清洗作用。

为实现高空清洗作业的目的,机器人首先必须具有在壁面上的吸附和移动功能,此外还应该有相应的清洗作业功能、控制功能、供应功能等。因此,壁面清洗机器人系统包括机器人本体、控制系统、清洗系统、供应保障系统四大部分。

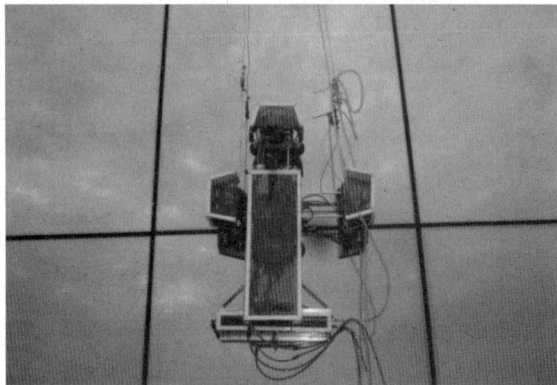

清洁机器人

1.机器人本体主要包括吸附和移动两大部分。吸盘部分,可以产生足够大的吸附力使机器人本体安全可靠地吸附在工作壁面上。移动部分,包括直线行走机构和转向机构,直线行走部分靠一个双作用气缸的伸缩来完成。

2.控制系统的主要任务是通过控制盒完成机器人在壁面上的作业功能。它主要由控制盒和可编程控制器构成。控制系统设计遵循可靠、小型、轻量、便于维护的思想,直接安装在机器人本体上,结构上防水密封。

3.清洗系统的主要任务是清洗壁面,同时还要做到回收废水。主要通过电机带动滚轮转动达到清洗目的,滚轮四周用雨刷封闭并带有回水管道,从而达到清洗壁面和废水回收的目的。

4.供应保障系统主要实现供应气、水、电等作业所需的东西。由空压机、水泵和电源组成。它们由专门的管路送至机器人本体,实现作业功能。

第五章

校园保洁内容与要求

第一节　室内保洁内容与要求

　　高校校园室内空间一般指:教室、实训实验室、办公室、会议室、接待室、资料室、档案室、图书馆、机房、仓库等。需要保洁的内容主要有:天花板、墙面、黑板、门窗、玻璃、桌椅、柜子、讲台、地面等。

一、保洁工作内容

　　(一)检查

　　进入室内,先查看是否有异常现象、有无损坏的物品。如发现异常,应先向有关部门报告后再保洁作业。

　　(二)推尘

　　推尘要按照先里后外、先上后下、先窗后门、先桌面后地面的顺序,先清扫天花板、墙角上的蜘蛛网和灰尘,接着抹窗户玻璃门面的灰尘,实验器材等设备挪动后要原位摆好。

　　(三)顺序

　　从门口开始,由左至右或由右至左,依次擦拭室内桌椅、柜子、讲台和墙壁等。抹布应拧干,擦拭每一件物品时,应由高到低、先里后外。擦墙壁时,重点擦拭门窗、窗台等。操作时,先将湿润的涂水毛头(干净的)装在伸缩杆顶部,沿顶部平行湿润玻璃,然后以垂直上落法湿润其他部分的玻璃。再用干净的抹布擦干净窗框及窗台,最后用干燥的无毛的棉布擦干净玻璃四周和中间的水珠。大幅墙面、天花板等的清洁为定期清除(如每周清洁一次)。

（四）整理

讲台、桌面、实验台上的主要用品，如粉笔盒、粉笔擦、实验器具等抹净后，按照原位摆放整齐。

（五）清倒

清倒室内的纸篓、垃圾桶。

（六）更换

收集垃圾并换垃圾袋。

（七）关闭

清洁结束后，保洁人员退至门口，环视室内，确认清扫质量，然后关窗、关电、锁门。

二、保洁质量标准

1.室内整体干净无灰尘；

2.桌椅设备摆放很整齐；

3.桌面无乱涂乱画痕迹；

4.地面没有污迹和垃圾；

5.墙面无张贴张挂乱象；

6.窗户明亮空气更清新；

7.心情舒畅学习高效率。

第二节　休闲空间、走廊保洁内容与要求

室内学习休闲的空间一般有：室内敞开式休息间、走廊过道、楼梯平台、报告厅、礼堂、门厅等。保洁内容主要有：天花板、墙面、窗户、玻璃、桌椅、柜子、墙面、地面、门面等。

一、保洁工作内容

（一）检查

进入各种休闲空间后，先查看是否有异常现象、有无已损坏的物品。如发现异常，应先向有关部门报告后再进行保洁作业。

（二）清扫

先用扫把对地面进行清洁，捡去烟头、纸屑、灰尘等。

（三）擦抹

从门口开始，由左至右或由右至左，依次擦拭室内桌椅、柜子、讲台和墙壁等。抹布应拧干，擦拭每一件物品时，应由高到低，先里后外。擦墙壁时，重点擦拭门窗、窗台等。操作时，先将湿润的涂水毛头（干净的）装在伸缩杆顶部，沿顶部平行湿润玻璃，然后以垂直上落法湿润其他部分的玻璃。再用干净的抹布擦干净窗框及窗台，最后用干燥的无毛的棉布擦干净玻璃四周和中间的水珠。大幅墙面、天花板等的清洁为定期清除（如每周清理一次）。

（四）整理

桌椅、柜子等抹净后，按照原位摆放整齐。

（五）更换

收集垃圾并换垃圾袋。

（六）推尘

用拖把清洁地面,按照先里后外,先边角、桌下,后地面进行推尘作业。清洁结束后把桌椅、柜子等设备恢复原位摆好。

（七）礼仪

要注意礼节,使用礼貌用语。

二、保洁质量标准

1.地面干净无污迹;

2.没有垃圾和积水;

3.墙面干净无灰尘;

4.桌椅干净摆整齐;

5.门窗干净很明亮;

4.情绪高涨学习好。

第三节　公共卫生间保洁内容与要求

公共卫生间保洁内容有:天花板、墙面、隔墙面、窗户、门面、镜面、蹲位、地面、拖把池、洗手盆(台)等。

一、保洁工作内容

(一)天花板清理

用长柄扫把清扫天花板、墙面、墙角等的蜘蛛网和灰尘。

(二)门窗玻璃门面、墙面清理

用湿抹布配合便池刷清洁玻璃、镜面和墙面上的污迹。

(三)蹲便池、小便池清理

先用夹子夹出大、小便器里的烟头、纸屑等杂物,然后冲水,再倒入洁厕剂,泡一会儿,洗完面盆后再用便池刷刷洗。蹲便池、小便池内四周表面及外部表面均要清洗,检查冲水是否正常,有没有堵塞。

(四)洗手盆清理

用清洁剂和百洁布擦洗洗手盆。从左到右抹干净台面,用不掉毛的毛巾从上到下擦拭干净镜子;水龙头也要清洗干净,保持光亮。

(五)更换

收集垃圾并换垃圾袋。

注意:每周擦拭墙面、天花板、排气扇、卫生间门及门框 3 次以上;清洁地面时,地面较脏的要使用清洁剂。

二、保洁质量标准

1.天花板面无蜘蛛;

2.墙壁墙角无灰尘;

3.镜面玻璃净明亮;

4.地面台面无水迹;

5.厕所内外无臭味；

6.干净明亮人人夸。

第四节　机动车道、人行路保洁内容与要求

校园道路指可提供各类机动车辆和行人行驶（走）的道路，人行路指校内道路两侧的人行路和可供师生上下课（班）和休闲行走的小路。校园道路和人行路保洁的内容与流程：清扫各种垃圾、树叶，清捡树枝和废弃物，清拔路沿石缝杂草、清除人行道边上绿化带的树叶杂草，清扫人行道和道路上的灰尘等。

一、保洁工作内容

1.根据劳动课安排进行分组、分路段、分区域。明确清扫范围，合理安排清理垃圾、树叶等任务。

2.每天采取分时段收集沿路垃圾，做到定时清扫、及时堆放、及时运送，做到不慢收、漏收。

3.保洁人员利用竹扫把，对校园道路进行全面清扫。要做到"六不""三净"。即不花扫、漏扫；不见积水（无法排除的积水除外）；不见树叶、纸屑烟头；不漏收堆；不乱倒垃圾（一律送到中转站）；不随便焚烧垃圾。路面净、路尾干净、人行道净。

4.进行路面清扫保洁时，垃圾收集应及时送往中转站，严禁将垃圾倒在道路两侧绿化带里或随便乱倒，严禁焚烧垃圾。

5.校园路面清扫保洁要做到：晴天与雨天一个样；主干道与人行道一个样；检查与不检查一个样。严禁串岗、脱岗、坐岗等。

二、保洁质量标准

1.道路平整干净无垃圾；

2.道路无枯叶枝和物品；

3.道路灯杆干净无张贴；

4.绿化绿地平整无缺憾；

5.校园整体漂亮人人夸。

第五节　广场、台阶、水沟等保洁内容与要求

校园露天广场、停车场、台阶和房屋周边的水沟，其保洁内容与流程：清扫各种类垃圾、树叶，清除各种杂草、树枝，清扫或者清洗灰尘、清理明水沟内各种垃圾和杂草。

一、保洁工作内容

1.对广场、停车场、台阶和楼房周边的水沟进行检查，先用扫把或垃圾夹清理面上的垃圾、树枝、树叶等。

2.对广场、台阶周边的杂草进行清除。

3.用小扫把对广场、停车场、台阶地面进行清尘处理。

4.清理垃圾，运送到垃圾中转站。

5.不得把垃圾和树叶倒到道路两边的绿化带，更不能就地焚烧。

二、保洁质量标准

1.广场地面干净、无灰尘、无各种垃圾、无枯叶残枝。

2.运动场内桌椅摆放整齐,桌椅面干净、无垃圾。

3.广场内无堆放物品、无张贴张挂。

第六节　生态林、绿化地(带)保洁内容与要求

在校内有规划和科学、合理地栽植一些生态林、绿化地和绿篱带是建设美丽校园不可缺少的项目,更是建设生态学校、保护校园环境的决定性一环。保洁维护的主要内容与流程有:清捡绿化地和绿篱带内的各种垃圾、大树叶,清捡各种树枝和废弃物,清拔绿化地和绿篱带内杂草,清捡生态树上的干枯树枝并进行合理修剪,科学艺术地整修绿篱带和花草苗木等。

一、保洁工作流程

1.首先用耙子把生态树、绿化地、绿篱带地面上的树叶、树枝耙成一堆。

2.再用捡垃圾的夹子把绿化地、绿篱带里的塑料袋、快餐盒、烟头等夹走。

3.用大竹扫把对生态树、绿化地、绿篱带地面进行清扫。对生态树、绿化地、绿篱带地面上的垃圾、树叶、树枝等进行清理,把它们送到垃圾中转站,不得随意乱倒或焚烧。

4.安排人员进行文明督察,对不文明行为的师生进行劝阻。

二、保洁标准

1.绿化带内和生态林内应保持干净、整齐,无各种垃圾、无枯叶残枝;

2.绿化带干净,无垃圾;

3.无各种废弃物堆放堆积。

第六章

垃圾分类

第一节　垃圾分类概述

一、垃圾分类背景

习近平在党的十九大报告中指出："建设生态文明是中华民族永续发展的千年大计,必须树立和践行绿水青山就是金山银山的理念。""要坚定走生产发展、生活富裕、生态良好的文明发展道路,建设美丽中国,为人民创造良好生产生活环境,为全球生态安全作出贡献。"

随着社会经济发展和物质消费水平的大幅度提高,我国每年垃圾产生量迅速增长,2018年仅生活垃圾总量就增至4亿多吨,这些垃圾不仅造成了环境安全隐患,也造成资源浪费,成为人民群众反映强烈的突出问题,成为社会经济持续健康发展的制约因素。实行垃圾分类,关系广大人民群众生活环境,关系节约使用资源,也是社会文明水平的一个重要体现。

二、垃圾分类概念

垃圾分类,指按一定规定或标准将垃圾分类储存、分类投放和分类搬运,从而转变成公共资源的一系列活动的总称。分类的目的是提高垃圾的资源价值和经济价值,力争物尽其用。

垃圾在分类储存阶段属于公众的私有品,垃圾经公众分类投放后成为公众所在小区或社区的区域性准公共资源,垃圾分类搬运到垃圾集中点或转运站后成为没有排除性的公共资源。从国内外各城市对生活垃圾分类的方法来看,大致都是根据垃圾的成分构成、产生量,结合本地垃圾的资源利用和处理方式来进行分类的。

三、垃圾种类

（一）可回收物

主要包括废纸、塑料、玻璃、金属和布料五大类。

废纸：主要包括报纸、期刊、图书、各种包装纸等。但是，要注意纸巾和厕所用纸由于水溶性太强不可回收。

塑料：各种塑料袋、塑料泡沫、塑料包装、一次性塑料餐盒餐具、硬塑料、塑料牙刷、塑料杯子、矿泉水瓶等。

玻璃：主要包括各种玻璃瓶、碎玻璃片、镜子、暖瓶等。

金属物：主要包括易拉罐、罐头盒等。

布料：主要包括废弃衣服、桌布、洗脸巾、书包、鞋等。

垃圾分类目录　　　　　　　　　　垃圾分类标志

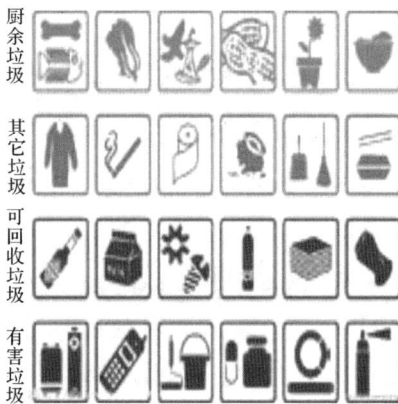

这些垃圾通过综合处理回收利用，可以减少污染、节省资源。如每回收 1 吨废纸可造好纸 850 公斤，节省木材 300 公斤，比等量生产减少污染 74%；每回收 1 吨塑料饮料瓶可获得 0.7 吨二级原料；每回收 1 吨废钢铁可炼好钢 0.9 吨，比用矿石冶炼节约成本 47%，减少空气污染 75%，减少 97% 的水污染和固体废物。

（二）厨余垃圾

厨余垃圾是有机垃圾的一种，包括剩菜、剩饭、菜叶、果皮、蛋壳、茶渣、骨、贝壳等，泛指家庭生活饮食中所需用的来源生料及成品（熟食）或残留物。经生物技术就地处理堆肥，每吨可生产 0.6～0.7 吨有机肥料。

（三）其它垃圾

其它垃圾主要包括砖瓦陶瓷、渣土、卫生间废纸、瓷器碎片等难以回收的废弃物，其它垃圾危害较小，但无再次利用价值，是可回收垃圾、厨余垃圾、有害垃圾剩余下来的一种垃圾。一般采取填埋、焚烧、卫生分解等方法，部分还可以使用生物降解。

（四）有害垃圾

有害垃圾指含有对人体健康有害的重金属、有毒的物质或者对环境造成现实危害或者潜在危害的废弃物，包括电池、荧光灯管、灯泡、水银温度计、油漆桶、部分家电、过期药品、过期化妆品等。这些垃圾一般使用单独回收或填埋处理。

第二节　垃圾分类的意义

在我国城市和广大农村实行垃圾分类，对改善人们的生活环境，推动绿色生态发展、建设美丽中国有重要意义。高校推行垃圾分类，对于培养高素质的社会人才，创建文明、和谐、生态、美丽校园等具有十分重要的意义。

一、思想革命

实行垃圾分类实际上是一场思想革命与观念转变。在过去，我国农业生产和消费都是低水平的,产生的垃圾不多,而且经过堆积一段时间后,一般又作为农家肥还原于土地,使土地处于良性循环,根本没有垃圾分类之说。由于改革开放和科学技术的进步,工农业生产的高速发展,产生了大面积堆放的"垃圾山""垃圾海"。它们难以处理而且会影响人们的生产生活,甚至危及人们的健康与安全。所以,实行垃圾分类是一种新事物、新时尚。但是,因为民众对垃圾分类认识还不到位,要真正实行好垃圾分类,难度很大,是一次思想革命和观念转变。

二、减少占地

丢弃的垃圾越多,侵占的土地也越多。垃圾堆放和填埋都会占用大量的土地,每 1 万吨的垃圾约占地 1 亩。目前我国生活垃圾堆放地侵占土地面积高达 5 亿多平方米,相当于 5 万公顷耕地,而我国的耕地面积仅为 1.3 亿公顷,相当于全国万分之四的耕地面积用来堆放垃圾。厦门市"翔安东部固废中心",占地 2.07 平方公里,规划使用 30 年。原先设计的垃圾填埋最高度 135 米,2017 年就已经达到 90 米的高度,按目前全市垃圾增量计算,可能再使用 10 年,这个填埋场就将塞满。实行垃圾分类,去掉可以回收利用的、不易降解的物质,减少垃圾数量总达 60% 以上。

三、减少污染

我们随手丢弃的垃圾露天堆放时,垃圾中的有机物被微生物分解,释放出大量的氨、硫化物、甲烷等气体,产生恶臭和刺鼻气味,垃圾中的塑料膜、纸屑、粉尘和细小颗粒物会随风飘扬,污染大气。目前我国的垃圾处理多采用卫生填埋甚至简易填埋的方式,占用上万亩土地,并且蝇虫乱飞,污水四溢,臭气熏天,严重污染环境。土壤中的废塑料会导致农作物减产,而且抛弃的废塑料被动物误食导致动物死亡的事故时有发生。因此,垃圾分类回收利用还可以减少污染危害。

四、变废为宝

　　中国每年使用塑料快餐盒达 40 亿个,方便面碗 5 亿～7 亿个,一次性筷子数十亿双,这些占生活垃圾的 8%～15%。1 吨废塑料可回炼 600 公斤的柴油。回收 1500 吨废纸,可免于砍伐用于生产 1200 吨纸的林木。一吨易拉罐熔化后能结成一吨品质很好的铝块,可少采 20 吨铝矿。生活垃圾中有 30%～40% 可以回收利用,应珍惜这个小本大利的资源。大家也可以利用易拉罐制作笔盒,既环保,又节约资源。而且,垃圾中的其他物质也能转化为资源,如:食品、草木和织物可以堆肥,生产有机肥料;垃圾焚烧可以发电、供热或制冷;砖瓦、灰土可以加工成建材;等等。各种固体废弃物混合在一起是垃圾,分选开就是资源。如果能充分挖掘回收生活垃圾中蕴含的资源潜力,仅北京每年就可获得 11 亿元的经济效益。可见,消费环节产生的垃圾如果能及时进行分类,回收再利用是解决垃圾问题的最好途径。

第三节　国内外垃圾分类简述

一、国外垃圾分类情况

(一)日本垃圾分类

　　初到日本的外国人,都会对其叹为观止的垃圾分类所折服。日本的垃圾分类主要有以下几大特点。

　　1.分类精细,回收及时

　　最大分类有可燃物、不可燃物、资源类、粗大类、有害类,这几类再细分为若干子项目,每个子项目又可分为孙项目,以此类推。前几年横滨市把垃圾类

日本垃圾分类

别由原来的五类更细分为十类,并给每个市民发了长达 27 页的手册,其条款有 518 项之多。试看几例:口红属可燃物,但用完的口红管属小金属物;水壶属金属物,但 12 英寸以下属小金属物,12 英寸以上则属大废弃物;袜子,若为一只属可燃物,若为两只并且"没被穿破、左右脚搭配"则属旧衣料;领带也属旧衣料,但前提是"洗过、晾干"。不过,这与德岛县上胜町相比,那就是小巫见大巫了。该町已把垃圾细分到 44 类,并计划到 2020 年实现"零垃圾"的目标。

在回收方面,有的社区摆放着一排分类垃圾箱,有的没有垃圾箱而是规定在每周特定时间把特定垃圾袋放在特定地点,由专人及时拉走。如在东京都港区,每周三、六上午收可燃垃圾,周一上午收不可燃垃圾,周二上午收资源垃圾。很多社区规定早 8 点之前扔垃圾,有的则放宽到中午,但都是当天就拉走,不致污染环境或引来害虫和乌鸦。

2.管理到位,措施得当

外国人到日本后,要到居住地政府进行登记,这时往往就会领到当地有关扔垃圾的规定。当你入住出租房时,房东也许在交付钥匙的同时就一并交予扔垃圾规定。有的行政区年底会给居民送上来年的日历,日历上有一些日期标有黄、绿、蓝等颜色,下方说明每一颜色代表哪天可以扔何种垃圾。在一些公共场所,也往往会看到一排垃圾箱,分别写着:纸杯、可燃物、塑料类,每个垃圾箱上还写有日文、英文、中文和韩文。

3.人人自觉，认真细致

养成良好习惯，非一日之功。日本的儿童打小就从家长和学校那里受到正确处理垃圾的教育。如果不按规定扔垃圾，就可能受到政府人员的说服和周围舆论的压力。日本居民扔垃圾真可谓一丝不苟，非常严格：废旧报纸和书本要捆得非常整齐，有水分的垃圾要控干水分，锋利的物品要用纸包好，用过的喷雾罐要扎一个孔以防出现爆炸。

4.废物利用，节能环保

分类垃圾被专人回收后，报纸被送到造纸厂，用以生产再生纸，很多日本人以名片上印有"使用再生纸"为荣；饮料容器被分别送到相关工厂，成为再生资源；废弃电器被送到专门公司分解处理；可燃垃圾燃烧后可作为肥料；不可燃垃圾经过压缩无毒化处理后可作为填海造田的原料。日本商品的包装盒上就已注明了其属于哪类垃圾，牛奶盒上甚至还有这样的提示：要洗净、拆开、晾干、折叠以后再扔。

他山之石，可以攻玉。日本的上述事例给了我们很多启示。仅就垃圾分类而言，我国大部分地区的硬件还远不能与日本相比，但更大的差距恐怕还是在软件上，即在于政府和民众对垃圾分类的认识上，在于政府关于垃圾分类的制度建设上，也在于每个市民对垃圾分类的认真细致精神和环保节能意识上。由此引申开来，只有大家都摒弃嫌麻烦的想法、已固化的行为习惯和安于中流的低标准，才有可能做到垃圾分类赶上世界先进水平，消灭城市管理中"三不管"的死角，有专人来治理脏、乱、差的现象。

（二）美国垃圾分类

在美国，垃圾回收作为一种产业得到了迅速发展，回收产业正在全国产业结构中占据越来越重要的位置。以美国3个城市巴尔的摩、华盛顿和里奇蒙为例，过去回收垃圾每处理1吨需要花40美元，分类处理以后，这些回收的垃圾在1995年就创造了5100个就业机会。在美国这3个城市只是很小的一个地区，其垃圾回收不仅节约了处理垃圾的费用，而且创造了5亿美元的财富。

被称为垃圾生产大国的美国，垃圾分类逐渐深入公民的生活，走在大街上，各式各样色彩缤纷的分类垃圾桶随处可见。政府为垃圾分类提供了各种

美国垃圾分类

便利的条件,除了在街道两旁设立分类垃圾桶以外,每个社区都定期派专人负责清运各户分类出的垃圾。居民对政府的垃圾分类工作也表示了极大的支持。这不仅表现在他们每个人对垃圾分类的知识耳熟能详,而且,在这里为垃圾分类处理出钱,就像为能饮用到洁净的自来水付费一样天经地义。

(三)澳大利亚垃圾分类

在澳大利亚,一般人家的院子里,都会有三个深绿色大塑料垃圾桶,盖子的颜色分别为红、黄、绿。绿盖子的桶里,放清理花园时剪下来的草、树叶、花等;黄盖子的桶里,则放可回收资源,包括塑料瓶、玻璃瓶等。澳大利亚市政部门每年都会向各家邮寄相关宣传资料,孩子们更是早早地学会了如何给垃圾分类。

(四)英国垃圾分类

在英国,一般来说,每家都有三个垃圾箱:一个黑色,装普通生活垃圾;一个绿色,装花园及厨房垃圾;一个黑色小箱子,装玻璃瓶、易拉罐等可回收物。政府会安排三辆不同的垃圾车每周一次将其运走。普通生活垃圾主要是填埋,花园及厨房垃圾用作堆肥。垃圾回收中心则回收 42 种垃圾,如眼镜、家具等。

垃圾分类不仅是美国那样的发达国家的时尚,也是不少发展中国家的趋势。在巴西,许多社区都实行垃圾分类;在菲律宾的一些地方,村民自发组织起来为清洁自己的生活环境而努力,垃圾分类是这个运动中的主要内容。总之,不管穷国还是富国,垃圾分类都在成为潮流。

二、国内垃圾分类情况

垃圾分类对于一向勤俭持家的中国人来说并不陌生。也许你还记得20世纪五六十年代回收废品的情景：牙膏皮攒起来回收，橘子皮用来制药，生物垃圾用来做堆肥，废布头、墨水瓶等都能得到再利用。分类后的垃圾，既避免了垃圾公害，又为工农业提供了原料。

如今我们的生活好了起来，于是我们便不再吝啬卖废品换回的零钱。勤俭节约，废物利用，这是中华民族的传统美德。我们每个人都是垃圾的制造者，又是垃圾的受害者，但我们更应是垃圾公害的治理者，我们每个人都可以通过垃圾分类来战胜垃圾公害。

近年来，我国加速推行垃圾分类制度，全国垃圾分类工作由点到面、逐步启动、成效初显，46个重点城市先行先试，推进垃圾分类取得积极进展。2019年起，全国地级及以上城市全面启动生活垃圾分类工作，到2020年底，46个重点城市将基本建成垃圾分类处理系统，2025年底前，全国地级及以上城市将基本建成垃圾分类处理系统。

2017年8月25日，厦门市第十五届人民代表大会常务委员会第六次会议通过了厦门经济特区生活垃圾分类管理办法。厦门市已全方位开展垃圾分类活动。

几年来，垃圾分类在全国大多数城市已经普遍开展起来，取得了预期效果，有的靠近城市周边区域的农村，也已经试行垃圾分类，这是一种文明的体现，是一种国家生态发展的需要，是造福普通老百姓的新时尚。

第四节　高校垃圾分类

作为高校，垃圾分类既是培养高素质人才的需要，也是创建文明、生态校园的需要，是利在当代，功在千秋的壮举事业。下面介绍高校校园垃圾分类的一般模式与流程。

一、分类模式

根据学校实际情况,按照厦门市规定的可回收物、厨余垃圾、有害垃圾、其他垃圾四种类别进行生活垃圾分类。校园施工产生的建筑垃圾、绿化垃圾以及实验室危险废弃物垃圾等按照相关规定进行处置,严禁混入生活垃圾投放。

1.可回收物,是指废弃的纸张、塑料、金属、纺织物、电器电子产品、玻璃等可资源化利用的物质;

2.厨余垃圾,是指废弃的剩菜、剩饭、蛋壳、瓜果皮核、茶渣、骨头等在日常生活中产生的易腐性垃圾;

3.有害垃圾,是指废弃的充电电池、纽扣式电池、荧光灯管(日光灯管、节能灯等)、温度计、血压计、药品、杀虫剂、胶片、相纸等生活垃圾中对人体健康或者自然环境造成直接或者潜在危害的物质;

4.其他垃圾,是指除可回收物、厨余垃圾和有害垃圾之外的生活垃圾。

二、分类与收集流程

单位和个人应当按照规定的时间、地点,用符合要求的垃圾袋或者容器分类投放生活垃圾,不得随意抛弃、倾倒、堆放生活垃圾。

(一)学生公寓宿舍和教师公寓住宅区分类收集流程

将宿舍或家中的厨余垃圾滤出水分后装袋投放至室外厨余垃圾桶,不得混入贝壳类、木竹类、废餐具等不利于后期处理的杂质;其他类别垃圾分类装入相应垃圾袋中,并就近投放到室外相对应的分类桶内。

后勤负责将厨余垃圾桶内的垃圾在规定时间运至固定的垃圾集中装运点,对接市政厨余垃圾收运车清运、其他种类的垃圾由后勤安排车辆分类收集清运。

体积大、整体性强或者需要拆分再处理的家具、家电等大件垃圾,需统一投放至校园内专门设置的大件生活垃圾投放点,由后勤安排负责清运,不得随意堆放于普通垃圾投放点。

（二）食堂、商户、教学楼分类收集流程

1.学校食堂

各食堂自备符合厦门市标准的垃圾分类桶，厨余垃圾必须单独放置在厨余垃圾桶中，在固定的时间段内，由后勤安排清运车直接上门收集直运至市垃圾处理站。

2.校内商户

商户根据自身日常产生的垃圾情况自备符合厦门市标准的一类或多类垃圾分类桶。厨余垃圾必须单独放置在厨余垃圾桶中。根据后勤安排，在每日固定的时间段内，商户将分类好的垃圾投放在相对应的垃圾桶内并运至固定的垃圾集中装运点，对接分类垃圾清运车外运。

3.教学楼区域

所属各学院自备符合厦门市标准的垃圾分类桶。所属学院劳动周安排学生清扫，按类分别投放到固定的垃圾桶中。

（三）校园公共区域及学院垃圾分类收集流程

公共区域按片区划分，由负责日常打扫的学生将垃圾收集并让保洁员将果皮箱中的其他垃圾、可回收物及有害垃圾通过分类收集车进行分类统一收集、运送到固定垃圾堆放点进行分类投放，由后勤安排车辆分类清运。保洁员分类收集车辆上需张贴相应分类标识。各单位楼栋内垃圾需由保洁人员运送到就近的固定垃圾堆放点进行分类投放，由后勤安排车辆分类清运。

第七章

勤工助学

第一节　勤工助学概述

勤工助学是指学生在学校的组织下利用课余时间,通过劳动取得合法报酬,用于改善学习和生活条件的社会实践活动。在我国,勤工助学是贯彻教育与生产劳动相结合的一种教育经济活动,勤工助学对于推动高校大学生素质教育,构建新的人才培养模式,促进大学生成长成才有着重要意义。

一、高校勤工助学发展历程

从历史发展看,高校勤工助学的发展可分为两大阶段。一是勤工俭学发展阶段:留洋勤工俭学运动的发展和国内半工半读的探索;二是勤工助学发展阶段:分为恢复和起步阶段(1980—1991 年)、过渡和规范阶段(1992—1998年)、持续和发展阶段(1999 至今)。

(一)勤工俭学发展阶段

我国勤工俭学的历史可追溯到 20 世纪初期的留洋勤工俭学运动。19 世纪末,清朝政府的洋务派出于"洋为中用"的考虑,向国外派遣留学生。当时留学生的学费是一般家庭难以承受的。在这样的背景下,在当时自费留学生中兴起了"俭学"之风。

1914 年,在留美学生中首先出现工读会性质的组织;1915 年,巴黎成立"留法学生俭学会",掀起一股勤工俭学的风潮。同年,蔡元培从"教育救国论"出发,将工学运动和平民教育作为改革社会的重要手段。他倡导"工学互助",认为这样可以使人的个性得到全面和谐发展。1919 年至 1920 年,勤工俭学运动处于最高潮。

1958 年,共青团中央发布《关于在中学生中提倡勤工俭学的决定》,第一次明确提出:勤工俭学是具体实现知识分子和工农相结合、脑力劳动和体力劳动相结合的一个重要途径。同时，教育部发出通知，大力支持共青团的决定，肯定了勤工俭学的意义和作用。

1958年9月，毛泽东同志在视察武汉大学时，鼓励学校实行半工半读。此后，勤工俭学的教育改革尝试在全国范围内兴起，出现过"半工半读""两条腿走路"的办学模式，推广过"燎原计划""农科教结合"等改革经验，在当时的学校人才培养中起到了积极作用。

（二）勤工助学发展阶段

"文化大革命"结束后，整个社会对教育、知识的渴求日益升温，尤其是改革开放后，邓小平强调："教育必须与生产劳动相结合""最重要的是整个教育事业必须同国民经济发展要求相适应。不然学生学的和将来要从事的职业不符，岂不是从根本上破坏了教育与生产劳动相结合的方针？那又怎么可能调动学生学习和劳动的积极性，怎么可以满足新的历史时期向教育工作提出的巨大要求？"因此，从20世纪80年代开始，大学生响应国家号召，参与社会变革，继承、发展了勤工俭学，掀起了一股新的勤工助学热潮。

勤工俭学活动呈现新局面是在20世纪80年代以后，1982年8月1日至10日，全国中小学勤工俭学工作会议召开，这次会议讨论制定了《中小学勤工俭学暂行工作条例》，于1983年2月以文件形式发布。1987年，《国务院转教育部门关于进一步开展勤工俭学活动的请示的通知》下发，这些文件的发布使勤工俭学有了法规依据，学校勤工俭学活动得到了发展，此后至1989年，出现了以主要集中在北京、上海、天津等地高校，内容主要家教和有偿服务为主的勤工俭学热潮。

首次提出勤工助学这一名词的是复旦大学生科技咨询开发公司在深圳召开的全国勤工俭学交流大会上："勤工助学，致力于自立成才，将所从事的活动与专业知识、学习、能力培养、自立素质提高及个人的全面发展紧密结合起来。"从"勤工俭学"到"勤工助学"，名称的变化体现了行为主体发生了变化，勤工助学的主体可以是学校或企业，也可以是学生个体，而勤工俭学仅仅是学生个体的行为。勤工俭学重在"济困"，而"勤工助学"概念的提出，使勤工助学进入了"济困与成才相结合"的社会实践阶段。

1993年9月，国家教育委员会和财政部联合发文，要求高校把勤工助学作为"改革的配套措施"和"学校重要的常规工作"认真对待。1994年,国家教委又发布了《关于进一步做好高等学校勤工助学工作的通知》,提出勤工助学是学生社会实践的重要方式,作为中国高校学生工作的一项重要内容,有组织地实施,逐步实现规范化、制度化。2004年,中共中央、国务院发出《关于进一步加强和改进大学生思想政治教育的意见》,提出高校要"积极组织学生参加社会调查、生产劳动、志愿服务、公益活动和勤工助学等社会实践活动。引导学生深入社会、了解社会、服务社会,在社会实践中成长成才并实现社会化。"2005年,共青团中央、教育部又联合下发了《关于进一步做好大学生勤工助学的意见》,明确指出"要挖掘校内勤工助学岗位,拓展校外勤工助学资源,强化管理体制,健全管理机构,完善管理办法,加大专项投入,维护学生权益,建立长效机制。"进一步指明了高校勤工助学工作的基本方向。2007年,教育部、财政部又联合下发了《高等学校勤工助学管理办法》,对学校职责、勤工助学管理服务组织职责、校内外岗位设置、勤工助学酬金标准及支付以及学生安全等问题作了明确规定,要求学校设置的岗位数量既要满足学生的工时需求,又要保证学生不因为参加勤工助学而影响学习,原则上每周不超过8小时,每月不超过40小时,校外勤工助学活动必须由学校学生勤工助学管理服务组织统一管理,并注重与学生学业的有机结合。2018年,根据当前学生勤工助学工作的新特点和新需要,教育部、财政部又对2007年下发的《高等学校学生勤工助学管理办法》进行了修订,新修订的《高等学校学生勤工助学管理办法》对规范管理高等学校学生勤工助学工作,促进勤工助学活动健康、有序开展,保障学生合法权益,发挥勤工助学育人功能,培养学生自立自强、创新创业精神,增强学生社会实践能力发挥了重要作用。

纵观我国勤工助学发展的过程,是一个不断体制化、规范化、育人化的过程,勤工助学已成为适应我国发展,适应高校特点,发挥"济困"与"育人"功能的具有强大生命力的社会实践活动。

二、勤工助学的内涵

勤工助学源于"济困",通过俭学来达到完成学业的目的,随着社会进步和对人才需求标准的提升,我国高校勤工助学工作已由"济困"为主的阶段过渡到"济困与成才相结合的"社会实践阶段,越来越多的学生把勤工助学作为主动适应社会、参与社会实践、提升自身综合素质和能力的有效手段。高校也根据自身特点不断拓展勤工助学的内涵,尤其是 2018 年 8 月教育部、财政部下发了《高等学校学生勤工助学管理办法(修订)》以来,高校更是将勤工助学作为发挥高校育人功能,培养学生创新创业精神,创新人才培养模式的重要方式。可见,勤工助学的内涵越来越丰富、充实,完成了从纯粹"经济功能"到"人的全面发展教育功能"的转化。

（一）功能上由单纯解困向助困育人发展

高校勤工助学的最初目的是以"工"助"学",主要是为家庭经济困难学生缓解经济压力而进行的有偿劳动。如今,随着市场经济的发展和高等教育体制的改革,社会对复合型人才的需求不断扩大,学生价值观念和社会取向也在发生变化,成才意识日渐增强,勤工助学活动作为一项特殊的社会实践活动,其功能、内涵和作用不断得以拓展和延伸,育人功能更加突出,逐渐成为高校思想政治教育的重要载体和学生全面发展的有效途径。

（二）对象上由家庭贫困学生向全体学生发展

过去,高校勤工助学的参加对象主要局限于家庭经济困难学生。随着勤工助学活动的深入发展,高校师生对勤工助学活动的多重功能有了更深入的理解,逐渐被高校思想政治教育工作者普遍接受和重视,被大学生群体广泛认同,一些非贫困学生从实践锻炼的角度出发,主动加入勤工助学活动。因此,参加勤工助学的学生群体也逐渐由贫困学生和非贫困学生共同组成。

（三）类型上由普通型向专业型发展

高校在开展勤工助学活动的过程中,更加注重开发学生智力,发挥专业特色和优势,提高人才培养质量,学生参加勤工助学活动由主要从事劳务型、服务型、事务型工作岗位逐渐向从事专业型、技术型、管理型工作岗位转变,实现了专业学习、能力培养和经济资助三者的有机统一。

（四）形式上由个体自发向集体组织发展

学生以往参加勤工助学往往呈现自发性、分散性特点,存在一定的安全隐患,合法权益容易受到侵害。高校勤工助学管理相对规范后,高校普遍建立了统一的管理和服务机构,制定了详细的管理规定和运行机制,同时注重勤工助学基地建设,积极拓展勤工助学市场,使勤工助学有了更加广阔的发展空间,为学生创造了良好的勤工助学环境。

第二节　勤工助学的意义

教育部、财政部在 2018 年 8 月《高等学校勤工助学管理办法(修订)》中明确提出高等学校要发挥勤工助学育人的功能,将勤工助学作为育人的重要平台,高校应通过勤工助学工作培养大学生自强不息和创新创业的精神以及积极向上、乐观进取的人生态度。尤其是大学生更应该通过勤工助学提高自己主动适应社会的能力,磨炼自己坚韧、坚强的意志力,既要学会做事,又要学会做人。因此,勤工助学劳动不仅可以使学生通过参加劳动取得相应报酬,帮助大学生顺利完成学业,而且更加有利于大学生德、智、体、美、劳全面发展。

一、勤工助学实现了"济困"的功能

高校中很大一部分时间是由学生自由支配,勤工助学能够让贫困学生在业余时间展示其价值,通过自己的劳动来获取报酬,缓解经济压力。

厦门南洋职业学院通过问卷星对 2016 级和 2017 级学生进行过"大学生勤工助学状况"的调查,对回收的 1923 份有效问卷进行分析研究。结果显示,家庭供给、勤工助学和奖助学金成为学生的三大经济来源;当被问及"你认为哪种帮扶方式对贫困学生最有效"时,45.6％的学生认为是政府或学校的经济资助、43.5％的学生认为是学校提供的勤工助学岗位。不难看出，勤工助学能帮助贫困学生缓解经济压力，已成为高校实现"济困"的重要手段。

二、勤工助学锻炼了当代大学生的思想品格

当下，90后、00后大学生普遍害怕吃苦，缺乏服务精神和团队意识，责任意识不强。因此，通过勤工助学实践活动能够让学生感受到生活的艰辛，懂得什么是责任和担当，明白什么是感恩和奉献，有利于他们树立自信心，形成劳动光荣的观念，有利于他们树立正确的人生观、世界观和价值观。在团队中学会面对激烈的竞争，提高他们的心理承受能力，培养危机意识。同时，在长期的勤工助学实践中，能够培养学生的自我约束力、劳动意识和职业道德，这些都将成为他们以后人生路上的宝贵财富。

三、勤工助学提高了学生综合能力和素质

通过勤工助学实践活动，学生的学习能力、社会能力及内省能力都得到了进一步提高。从校内岗位到校外岗位，从懵懂跟从到独立选择，从忐忑上岗到独当一面，大学生的实践能力、创新意识和独立分析问题、解决问题能力等明显提升，学生提前接触社会，了解社会规则，调整自己的预期，改进自身不足，契合社会需求，团队意识、自律能力、心理素质明显提升，社会适应能力显著提高。另外，通过勤工助学，学生的学习能力和专业素质也得到了增强，学生把学到的专业知识很好地运用到实践中去，边学习边实践，不仅可以让自己的专业知识更扎实与稳健，同时还可以从专业出发去扩展专业相应的特长，增加个人能力。

四、勤工助学增强了学生创新创业能力

勤工助学引导带动学生从课堂到课外，从学校到企业，从学生到职员，从兼职到就业创业，开阔了视野。学生在自己熟悉的领域经过长期实践已

趋于理性,从创新的角度重新审视身边的各种资源,寻求资源的更佳配置,谋求更大的发展。学生在勤工助学过程中容易迸发出创新想法和创业激情,结合团队管理、项目运作、人际管理、目标管理等,进入一个融会贯通、将所学所思转化为所想所为的新境界,创新创业能力大大提升。学生参与"互联网+"大学生创新创业大赛的热情高涨,以厦门南洋职业学院为例,在2018年第四届"互联网+"大学生创新创业大赛中,学校有1000多个创业项目申报,其中一个项目在青年红色之旅赛道省级比赛中荣获三等奖。在2019年第五届"互联网+"大学生创新创业大赛中有超过1500个项目申报。

五、勤工助学促进了大学生就业

勤工助学能够不断提升大学生的管理组织能力和待人处事能力,使大学生的职业素质和职业能力全方位提升,帮助他们储备优质就业和自主创业所需要的身心素质和技能。厦门南洋职业学院电子商务专业80%的大三学生和50%的大二学生都尝试过网上销售业务,有的学生月收入达万元以上。2012届计算机专业的一位学生,大一即参加勤工助学,不断总结工作经验,大二开始自主创业助学,毕业时拥有两家公司、30余名员工、13部车和2套较大面积的住房,个人总资产超过500万元。另有两名大二学生在校内开办一家咖啡厅,聘请多名同学兼职工作。在校学生以老板、经理和领班等身份管理、经营这家咖啡厅,在此过程中,他们的就业和创业能力得到了提高,同时也为其他同学提供了众多的勤工助学岗位。如果一名大学生在校期间能够到3~5个单位勤工助学,毕业时就能更好地解决好自己的就业问题。厦门南洋职业学院经过近二十年的努力,百分之九十以上的学生在校期间有参与勤工助学的经历,学校已连续13年就业率达95%以上。

第三节　高校勤工助学岗位设置

一、岗位设置原则

勤工助学岗位设置以增强学生的劳动观念,提高学生自我服务、自我管理、自我教育能力,培养学生自立、自强、自律精神,帮助家庭经济困难学生顺利完成学业为目的,以不影响学生学习为原则,鼓励大学生积极参加与专业技能相关的社会实践,实现理论与实践的有机融合。

二、勤工助学中心简介

厦门南洋职业学院在办学之初就成立了勤工助学中心,中心隶属于学生工作处,主要负责校内校外一切勤工助学活动,是学校学生勤工助学的管理机构。中心主要围绕勤工助学基地及全校勤工助学岗位体制建设、文化建设、团队建设、品牌建设等几个方面开展工作。自成立以来,中心取得了校内外各级用人单位和师生的广泛认同,已成长为学校勤工助学的重要力量。近十年来,在学校各级党政领导的关心和校学工处的直接指导下,在广大同学的厚爱与支持下,中心积极联系校外勤工助学岗位,积极与各企业洽谈建立了长期的合作伙伴关系。勤工助学不仅仅为广大在校大学生提供了一个接触社会、兼职工作的机会,而且也为更多的贫困在校大学生们提供自主完成学业的机会。一方面帮助贫困学生解决了部分学习生活困难;另一方面,使同学们通过社会实践活动,提高了自身的各方面素质,积累了一定的工作经验,为就业创业打下了坚实的基础。

三、校内主要勤工助学岗位要求与职责

(一)教学楼楼层管理员岗位要求与职责

1.工作认真负责,吃苦耐劳,有进取心,积极主动性强。

2.有良好的团队合作精神和沟通能力,有较强的执行力。

3.负责教学楼教室开关门,保障日常教学正常运行。

4.关门时检查教室的窗、灯,教学设备仪器是否已关好。

5.将教室的门窗等有损坏的设备及时报给教务处信息中心负责人。

(二)图书、期刊管理员(图书馆)岗位要求与职责

图书馆是高校学生勤工助学的重要场所,引入勤工助学模式,让学生参与图书馆管理与服务,除了为学生提供良好的实践机会和实践平台,提高他们的创新实践能力和文献资源利用能力外,也能为学校提供更好的教学和科研服务。

1.图书馆所提供勤工助学岗位,经图书馆面试、考核后聘用。勤工助学岗位隶属于流通服务科,主要协助馆员对图书、期刊等进行管理或从事其他相关工作。

2.每天到岗后先在考勤本上签到。工作时,必须佩戴"图书馆勤工助学工作证"。

3.服从馆员安排,尽快熟悉本岗位的业务和服务要求,不断提高服务水平。

4.准时上、下班,不迟到、早退。工作期间认真履行职责,做到眼勤、手勤、腿勤,定时巡查本区域,发现读者违规和在馆藏书刊上涂划、批点、污损、剪裁等情况要及时制止并报告当班老师。

5.日常工作做到"五要":馆内桌椅排放要整齐,安全疏散路径要畅通,整理书刊要不错架,交接登记要不漏情,严格管理要不懒散。

6.遇有生病或考试等特殊情况需要换班的,向老师报告并提前办理换班手续。

图书馆勤工俭学

7.凡发现工作不负责任、迟到早退、徇私情、监守自盗等违反管理规定者，视情节给予处罚或解聘，并报学生工作处进行处理。

（三）电信10000号话务员（中国电信南洋学院勤工助学基地）岗位要求与职责

中国电信南洋学院勤工助学基地（以下简称"南洋基地"）于2019年5月

7日正式成立,目前助学内容以10000号话务服务为主。基地位于大学生创业活动中心二楼,不仅为广大学生提供校内便利的助学机会,更可以帮助学生将理论知识同生产实践相结合,提高学生的就业创业能力。参加助学的同学不仅可以改善自身的生活状况、减轻家庭的经济负担,更可以不断提高自己接触社会、适应社会的能力,为以后的就业、创业打下坚实的基础。

中国电信南洋学院勤工助学基地是校企合作的创新尝试,既展现了南洋学院"学以致用"的办学理念,也展现了中国电信责任央企的社会担当。今后,双方也将更加尽心尽力地打造好南洋基地,加强对受助学生的学习、生活、就业、人生发展的全过程、全方位关爱帮扶。把中国电信南洋学院助学基地打造为助学品牌。

1.按呼叫顺序依次应答,受理用户使用电信业务,填写记录单。

2.接续、处理用户业务需要。

3.受理信息服务业务。

4.受理机上咨询业务。

5.迅速、准确接听每一个电话。

6.礼貌回答客人提出的问题。

7.了解并牢记客人所提出要求及时间、地址、姓名、单位。

8.为客人提供热情、耐心的咨询服务。

9.遇到投诉及其他难以解决的问题应及时向领导汇报。

(四)文员、销售员、宣传员和平面美工(校创客家园)岗位要求与职责

1.文员。

(1)据公司的经营方针,建立公司的经营管理体系并组织实施和改进,为经营管理体系运行提供足够的资源。

(2)倡导公司的企业文化和经营理念,塑造企业形象。代表公司对外处理业务,开展公关活动。

2.销售员。

(1)组织与管理销售团队,完成公司销售目标。

(2)收集各种市场信息,并及时反馈给上级与其他有关部门。参与制定和

改进销售政策、规范、制度,使其不断适应市场的发展。

3.平面美工。

(1)负责部门宣传管理工作,并承担宣传的主要责任。

(2)带领团队进行策略思考与创意发想,制定传播策略与主创意,撰写营销传播方案;统筹组织策划工作,协助项目销售目标的达成。

(3)负责电商主图、海报设计等图片设计工作。

(五)机房考务管理员(校信息化中心)岗位要求与职责

1.计算机专业或对计算机感兴趣的学生,能熟练操作计算机。

2.工作认真负责,吃苦耐劳,有进取心,积极主动性强。

3.有良好的团队合作精神和沟通能力,有较强的执行力和应变能力。

4.学校机房电脑设备的维护以及考试科目的调试。

5.对于调试的机器情况及时反馈至教务处信息中心负责人。

(七)考场引导员(培训中心)岗位要求与职责

1.工作认真负责,吃苦耐劳,有进取心,积极主动性强。

2.有良好的沟通能力,有较强的执行力和应变能力。

3.负责各种培训类考试的路边引导。

4.助考人员要做好考务工作。

四、积极拓展校外勤工助学岗位

学校一直积极拓展更多校外勤工助学岗位,以满足更多学生勤工助学的需求。近年来,校外勤工助学岗位数量也在逐年攀升,每学年为同学提供2000多个校外勤工助学岗位。目前,学校已与校外多家企业建立了长期合作关系,如:好又多、戴尔、沃尔玛、磐基大酒店、肯德基、麦当劳、会展中心、人人乐超市、天马威电子、宸鸿科技、金逸影城翔安店、万达影城等。

学校也在积极探索、开拓校外勤工助学岗位模式,如与企业共建,在校内设立勤工助学基地,目的是让更多学生接触社会,提高实践能力和综合素质,为以后更好地就业做充足准备。

(a)好又多

(b)戴尔公司

(c)金逸影城

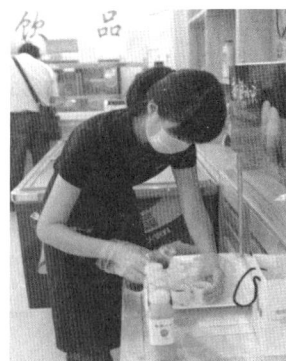

(d)餐饮店服务

校外勤工助学岗位

第八章

义务劳动

第一节　义务劳动概述

单从劳动二字来说,是指人们改造自然、创造物质财富的活动。从婴儿时期开始,以及可以看到一些最原始的劳动活动。义务劳动,虽然只比劳动多了义务二字,但蕴涵了更大的能量与意义。

义务劳动,也称志愿劳动,是指不计定额、不要报酬、自觉自愿地为社会劳动。《劳动法》第六条是国家对劳动者提倡、鼓励行为的规定。其中首句就是:"国家提倡劳动者参加社会义务劳动。"对此,我们应该如何理解呢?

《现代汉语词典》对"义务劳动"一词的解释是:"自愿参加的无报酬的劳动。"而"社会义务劳动"是指社会公益活动,具体一点,就是有关卫生环境、抢险救灾、帮贫扶弱等群众性福利事业的义务劳动。这种劳动是完全建立在劳动者的主动性、自觉性的基础上,体现的是劳动者崇高的社会责任感和高尚的品德。它与劳动者在劳动关系范围内的法定劳动义务不同。对于社会义务劳动,《劳动法》在其规定中也只是提倡,并没有强制性要求。作为劳动者,可以参加,也可以不参加,这取决于劳动者本人的思想境界的高低,是属于道德范畴的问题。而法定劳动义务就复杂多了,它存在于一种权利和无相互转换的关系之中,该尽什么义务,该享受什么权利,《劳动法》进行了严格的规定,是属于法律范畴的问题。后者与前者最大的不用之处在于,有取得劳动报酬的权利,是一种有条件的劳动。它们的区别还在于,社会义务劳动创造是一种良好的社会风气、一种精神文明的成果,而围绕与企业生产进行的劳动则纯粹是为企业创造利润。

第二节 义务劳动的意义

　　义务劳动总是涉及方方面面,大至国家,小至家庭。中华民族的伟大复兴以及中国梦的实现需要义务奉献牺牲精神;新时代目标任务的实现需要义务奉献牺牲精神;社会和经济发展需要全体人民发扬牺牲奉献精神;做一个品德高尚的人需要奉献牺牲精神。

　　义务劳动,是一种精神文化的行为表现,它不可能像物质财富那样通过简单的购买和继承的方式来获得,具有不可转让性。

　　在社会中,凡事以利益活动为主,以经济发展为先。但社会义务劳动,其主要目的并不是为了创造物质财富,而是为了营造精神氛围,这对于社会发展而言是更有意义的。一个国家,需要人民自主自发的奉献,需要人民自愿地为国家劳动。

　　社会义务劳动既然是一种劳动,就必然存在着各种生产要素的合理组织与利用的问题,投入与产出的比较仍然是衡量它有效与否的根本标准。近几年来,各界群众都以不同形式或多或少地参加义务劳动,为社会作出了应有的贡献。但是,也必须看到,在开展义务劳动的活动中,确有大量不讲经济效益的现象,影响了义务劳动的综合效果。因此,明确指出社会义务劳动也要讲经济效益,对于引导义务劳动健康发展是很有现实意义的。

　　在学校中,教师可以引导学生思考学校义务劳动的意义,却不能代替学生体会义务劳动的含义及其劳动过程中的感受。而现在的学校义务劳动则是试图通过"成果转让"的方法将现成的学校义务劳动内涵和由于劳动成果带来的种种感受,以知识的形式直接转让给学生,部分教育者甚至认为运用这样的方式进行劳动教育,学生就会自然形成对劳动的热爱,并自动转化为自觉的劳动行为。但事实上,这种办法是行不通的。他们忽略了品德形成过程的特殊性,忽略了知识是不可能自动转化为行为的客观性规律。反过来,这种观点又导致学生对义务劳动教育的错误认识,认为义务劳动是在课堂上被动地接受知识,是在教室中完成的,是在书本和教师的说教中"转让"而得的。只要学生听进去了,劳动知识和劳动情感就有了,用不着真正意义上的劳动实践,以至于学生在形式化的大扫除等活动中,马马虎虎,敷衍了事,得不到真正意义上的劳动锻炼,洗涤不了心灵,在学校中的义务劳动的教育效果也就尤甚其微了。

义务劳动是学生德育实践的主要形式之一。组织学生参加各种义务劳动,这里的劳动可分为劳动课和校内及校外的适量的义务劳动。近些年来,在学生中出现了厌恶劳动、鄙视劳动人民的现象。学生中出现的奢侈浪费、不珍惜粮食、大把花钱的现象,实质上是脱离劳动、脱离劳动人民的一种倾向。针对这些,加强劳动实践是十分重要的。

习近平在教育方针中强调劳动教育,丰富了教育方针的内涵,"要在学生中弘扬劳动精神,教育引导学生崇尚劳动、尊重劳动,懂得劳动最光荣、劳动最崇高、劳动最伟大、劳动最美丽的道理,长大后能够辛勤劳动、诚实劳动、创造性劳动。"这对学生的全面发展具有重大意义。

第三节　高校应大力提倡义务劳动

高校是培养社会主义建设者和接班人的殿堂,劳动是财富的源泉、幸福的源泉。勤于劳动、善于创造是中华民族最为鲜明的伟大品格。当代大学生应积极参加义务劳动并在实践中提升自己,学校也应大力宣传义务劳动事迹营造良好的氛围。

开展义务劳动是贯彻党的教育方针和对学生进行德育教育的重要内容之一,它有利于增强学生的劳动观念、集体主义观念,有利于培养学生爱护公共财产意识,有利于促进班风、校园文明建设。

义务劳动亦是学校德育教育的一个重要组成部分。义务劳动是最容易操作、最有实效意义的劳动教育途径。目前,我国大学生群体中独生子女所占比重比较大,生活在"6+1"家庭模式中的他们,倍受溺爱,逐渐表现出"自私""自我""我行我素"等消极面。针对这种情况,大学生参加义务劳动,是一个知行合一的过程,可以提高他们的文明素质和道德水平,培育"民生在勤,勤则不匮"精神和责任意识,引导大学生树立正确的人生观、价值观和世界观,从而促进了大学生的全面发展。

一、培育劳动者素质

面对日趋激烈的国际竞争,一个国家发展能否抢占先机、赢得主动,越来越取决于国民素质特别是广大劳动者素质。习近平高度重视提高劳动者素质,强调要引导广大职工和劳动者树立终身学习理念,不断提高思想道德素质和科学文化素质。

素质是立身之基,技能是立业之本。大学生要勤于学习,学文化、学科学、学技能、学各方面知识,不断提高综合素质,练就过硬本领。要立足专业,向老师学,向同学学,向书本学,向实践学。三百六十行,行行出状元。劳动没有高低贵贱之分,任何一份职业都很光荣。大学生毕业后要立足本职岗位诚实劳动。无论从事什么劳动,都要干一行、爱一行、钻一行。在工厂车间,就要弘扬"工匠精神",精心打磨每一个零部件,生产优质的产品。在田间地头,就要精心耕作,努力赢得丰收。在商场店铺,就要笑迎天下客,童叟无欺,提供优质的服务。只要踏实劳动、勤勉劳动,在平凡岗位上也能干出不平凡的业绩。

从20年前提出实施科教兴国战略到作出人才强国战略、创新驱动发展战略重大决策部署,大力加强教育、着力提高劳动者素质,已经成为由"中国制造"向"中国创造"迈进的必然选择和实现转型升级的基础工程。通过学习新知识、掌握新技能,用社会主义核心价值观武装头脑,提升职业道德,坚定理想信念,增强"三个自信",立报效祖国之志,行勤勉奋发之举,创开拓进取之业,建服务人民之功,大学生就能立足专业成长成才,在建设国家中实现人生价值。

二、弘扬劳动精神

义务劳动教育对一个人的发展极其重要,是一个人得以发展的基础。

1.义务劳动能使大学生的肌体充满活力,改善肌体的各种生理素质,包括呼吸、血液循环、新陈代谢等机能,促进青年大学生的身体发育。

2.义务劳动,不论是体力劳动还是脑力劳动,都要做出努力、耗费精力,要取得劳动成果,需要有顽强的意志和毅力,因而可以培养大学生的自信心、责任心、情感和意志等思想品质。培养大学生的自信、自强就要从劳动教育开始。过去许多家训里讲,"黎明即起,洒扫庭院",就是要培养大学生自己动手的习惯,养成"我能做,我会做"的自信心。

3.认识义务劳动是产生财富的源泉,从而培养起尊重劳动、热爱劳动、尊重劳动人民的品质。劳动没有贵贱之分,只要是劳动,就能为社会增加财富,就是为社会服务。从而养成劳动光荣、不劳为耻的思想品德。

4.义务劳动是创造的基础。大学生在劳动中既要动手,又要动脑,是一种创造性活动。一个模具专业大学生在实训室一学期要做成一件产品,如榔头,他要自己设计、自己制作,在老师的帮助下克服困难。这就培养了他的创造意识和创新精神。

因此,义务劳动教育不仅能培养大学生的生活技能,而且能促进人的体力发展和智力发展,培养学生的创新精神和实践能力,养成尊重劳动的思想品德。义务劳动不仅能提高学生的智力,而且把教育和劳动结合起来,体脑结合能够提高学习的效力。

当今时代是创新的时代。创造新的知识、新的技术,不是凭空想出来的,而是在艰苦的劳动中创造出来的。义务劳动创造财富,劳动创造新的思维,义务劳动也促进了人类进步。培养学生热爱劳动、尊重劳动,树立劳动光荣而幸福的情感十分有必要。

三、大力提倡义务劳动,提升内在生命力

1.让义务劳动教育成为一种价值召唤

在观念层面,大力提倡义务劳动精神要凸显综合性与统领性,让义务劳动教育成为一种价值召唤。义务劳动教育不是一种独立的教育形式,而是各种教育的统领,能够把其他一切教育内容联结在实践之中。义务劳动教育不仅能够培养学生爱劳动、依靠自我劳动生存与创造的道德品质和人格品质,增强体质,磨炼意志,发扬志愿服务,促进身心健康,还能够丰富学生对人生的理

解,增强学生对自我发展以及成功体验的审美意义,能够实现把知识转化为能力,增进智慧等功能,即"以劳树德、以劳增智、以劳强体、以劳育美"。

义务劳动教育并不狭隘地指体力劳动、志愿服务或直接的生产劳动,而是基于志愿服务、体力劳动与物质生产劳动的实践活动。在家庭生活之中体现为自理、自立的独立生活活动,在职业生活中体现为通过自己力所能及的各种劳动获取物质生活资料的活动,在社会生活中体现为丰富多样的为社会作出应有贡献的公益性活动,在学校学习之中体现为与具体的学科知识相联系的实践和动手操作的、能够化知识为能力与智慧的活动。义务劳动教育不是社会、学校或家庭单方面的事情,而是这三个教育渠道相互配合、密切联系、各司其职的整体性教育。

2.让义务劳动成为一种积极的生存方式

在实践层面,要强化激励性与基础性,让义务劳动成为一种积极的生存方式。义务劳动教育不是刻意、强制的观念和行为,而是依存于自觉意识、自觉追求和自觉行为过程中的。但是,义务劳动教育又无时不在、无处不在,它必须渗透到教育的各个环节、各个方面,成为整个教育的基础和归宿。因此,应该把义务劳动的理念和行为渗透到生活、学习、工作的各个环节中,使之成为一种生存方式。

第九章

家政服务

第一节　家政服务概述

　　家政服务作为第三产业的服务行业,必然会进到高校来。高校的广大教师,多数已经组建家庭,已经需要家政行业的服务。广大学生将来要踏入社会,也必然要接触到家政服务工作,作为高素质大学生,也非常有必要了解掌握一些家政服务知识和技能。

　　我国随着经济建设迅速发展,人们对生活质量的要求日益提高,"独生子女"和社会老龄化的矛盾也日趋显现,女性参与社会的活动越来越多,社会竞争的激烈程度更加大了工作压力,更多的家庭需要从繁重的家务劳动中解脱出来。因此,社会对家政服务人员的需求,特别是对高素质的家政人员的需求越来越大。

　　家政服务对于广大百姓来说还是一个陌生的词汇,只能在保姆中介市场中隐约发现其萌芽。随着中国市场经济的不断发展、成熟产业结构的调整问题摆在了面前。缩小第一、二产业的比重,加大第三产业——服务业的比重,既是实行市场经济的必然结果(市场经济在某种程度上就是服务经济),又顺应了家庭服务消费需求上升的现实状况。

　　家政服务不再被认为是伺候人的、不体面的工作,而是和所有其他职业一样被看作是社会分工下的一种行业。2000年,劳动和社会保障部正式认定"家庭服务员"这一职业,家政服务踏上自身的"职业化"发展道路。劳动与社会保障部提出将发展家政服务作为扩大就业的一个新领域,此举将家政服务作为国家的正式职业来对待。

　　家政服务是一项跨世纪的"双赢"工程。一方面,它为广大家庭提供了保姆、护理、保洁、物流配送、家庭管理等方面全方位的服务体系;另一方面,它是解决再就业问题的主要渠道之一。据劳动与社会保障部的调查,家政服务业就业潜力巨大,至少可为中国提供500多万个就业岗位。

中国家政服务业已粗具规模,众多家政服务公司和劳务中介服务公司如雨后春笋般出现于各个城市,有些甚至已形成一定品牌,服务范围日益扩大,内部分工更加精细,服务内容开始分级。家政服务消费热也已形成,一种新的消费时尚(家政服务成礼品)出现在人们的视野中。一些商家把家政服务当作"谢礼",回报客户;老板把家政服务作为"温暖礼品",犒劳员工;儿女将家政服务作为"孝心礼",献给父母。

随着城市居民生活节奏的不断加快,家政服务市场的前景将更加广阔,但同时不容忽视的是,作为朝阳产业的家政服务业,它的规模化、规范化也应尽早提上议事日程。"保姆"一词,已被"家庭服务员"一词代替,显示了在提高自身素质和职业技能后社会地位的提高。随着经济社会的发展、人民物质生活水平和精神生活水平的提高,人们对家政服务的要求也日益规范化、专业化、系统化,为了适应这种要求,对家政服务员的专业技能培训就成为必然。

现代家政服务已不再是简单的传统意义上的保姆和佣人,而是一项复杂的、综合的、高技能的服务工作,所以对家政服务师的培训已成为家政服务的一个基本要求,也是家政服务师提高服务质量、服务技能的必经之路。

家政服务师属于技能型人才,因此在培训家政服务师时必须以技能为主要突破点,即以技能培训为主,兼顾理论培训。

第二节　家政服务的现状及发展特点

一、家政服务的现状及存在问题

(一)现状分析

从家政服务组织的运营模式方面分析,目前在中国家政服务企业中主要

以下述三类为主,我们亦针对该三类运营管理模式展开基础分析:

1.中介型家政服务组织

中介型家政服务组织是新中国成立后出现最早的家政服务组织运作模式。产生于20世纪80年代初期,始创者为北京市妇联所属的北京三八家务服务中心,它开创了新中国成立以来家政服务组织化运作的先河;在此若干年后,劳动力成为商品,获得了社会的认可,进入了市场化道路,一些地方政府部门才开始制定有关行业法规,使它的存在和发展在理论上得到认可,在政策上方有了逐步健全的法规。

中介型家政服务组织具有规模大、场地大、投入大的特点,其运营、发展是民营机构和社会团体难以实现的;该组织运营模式能够获得较丰富的社会效益,但在经济收益方面见效甚微。此组织运营模式较为适合以政府为投资背景的公益性项目,百姓的认同度会比较高。

2.会员制家政服务组织

会员制家政服务组织运作模式既不同于纯粹的中介型家政服务组织,又不同于全面管理的员工制家政服务组织,它是中介型家政服务组织和员工制家政服务组织两种模式的综合运作方式,是介于两者之间的一种经营管理模式。

综合型家政服务组织运作模式是一种根据不同经济收入的雇主对家政服务员的需求,利用市场经济手段对雇主的不同服务需求而采取不同的服务、管理方法的一种运作模式。此运作模式的经营管理方式、经济收益等方面与中介型家政服务组织基本相同。

3.员工制家政服务组织

员工制家政服务组织创立于1994年,实行招生、培训、考核、派遣与后期管理一体化作业模式。家政服务员要经过统一培训、统一考核,考核合格后统一由家政服务企业负责安排工作。即家政服务员是作为家政服务企业的员工派遣给雇主,家政服务企业对家政服务员和雇主实施全面、全程管理;家政服务员与雇主之间只存在服务与被服务的关系,两者之间不直接发生经济往来,且合作双方均是面对家政服务企业。即由家政服务企业来保障两者的安全、服务质量,平衡两者的权益。

随着人民生活水平的不断提高,家务劳动社会化日益突显。同时,随着我国家庭小型化、人口老龄化、生活现代化的发展,家政服务需求日益旺盛。家政服务业涉及供求各方的切身利益,家政服务人员关心的是工资待遇和劳动关系,雇主关心的是信誉、安全和优质服务,要处理好这两方面的关系,一方面要通过开展对家政服务人员的系统培训和职业技能鉴定来不断提高其素质;另一方面要通过加强对中介等家政服务机构的规范管理来增强就业服务的可靠性。员工制管理模式不但解决了这些问题,且具有投入少、风险小、收益高的独特优势。

目前,家政服务市场的需求非常旺盛,但需求的层次也产生了明显的变化,职业化、高技能、高素质的家政服务人才为广大用户所期待;但是现实却是家政服务供给大大滞后于市场的需求,大多数家政服务商提供的服务本身缺乏层次。而员工制管理模式所实行的却恰恰以招生、培训、派遣、岗期管理一体化作业模式,其更能够适应当前市场。

(二)家政服务行业存在的问题

1.从业人员观念滞后;

2.家政人员素质偏低;

3.家政服务企业管理混乱。

二、家政服务的发展特点

(一)家政服务劳动市场情况

据初步调查显示,目前全国家政服务业各类服务企业和网点近 50 万家,从业人员 1500 多万人,年营业额近 1600 亿元。从家政服务企业规模看,大部分企业营业额在 50 万元左右,少数规模较大的企业年营业额已达 1000 万元以上。总部设在厦门市的厦门好慷家政服务有限公司只一家创新经营管理模式的家政服务大型连锁公司,已经受到国家发展改革委员会领导的高度赞扬和大力扶持,其创业者是厦门南洋职业学院的毕业生。目前,该公司在全国 30 余个大中型城市设有分公司,有员工总数 2 万余人,年度营业额达 10 亿元。

(二)家政服务项目不断丰富

家政服务涉及 20 多个门类,200 多个服务项目。适应市场需求的多样性特点,家政服务也呈现出多样化发展态势。传统的保洁、搬家、保姆等项目不断细分,月嫂、陪护、聊天、理财、保健等服务不断成为家政服务的主要内容。

(三)家政服务模式不断创新

现代流通方式在家政服务企业中得到快速推广。多数企业已改变原来的单店经营模式,积极采用连锁经营等现代流通方式,服务网络逐步向全国甚至国外延伸。一些企业经营门店已达到 50 家以上,实现了跨区域连锁化发展。

(四)家政服务技术更专业化

近年来,专业化程度高的家教、理财、保健等新兴服务进入家政服务范畴,月子护理、搬家、保洁、婚介等传统服务的专业性越来越强,对从业人员的专业水平要求不断提高,越来越多的家庭也开始重视家政服务人员的学历和培训水平。

(五)家政服务质量要求更高

家政服务业的多样化快速发展,为人民群众提供了高质量、个性化和安全便捷的服务享受。年迈双亲可以得到温馨照料和陪护,婴幼儿童得到细心看护和教育,繁杂的家务得到专业料理和服务,家政服务已成为服务百姓日常生活不可或缺的重要行业。

第三节　家政服务类别

一、职业保姆

职业保姆有初、中、高级之分。普通中级以上的服务员工,她们一般都是从事家政服务工作较长时间,其中也有技能考评非常优秀的新员工,她们的心态及服务意识较好,接受能力强,又有一定的家庭服务工作经验,一般来说,中级以上的服务员工,在家务打理的条理性、主动性方面较好,她们比较熟悉家庭的生活习惯、卫生标准及饮食口味,对婴幼保育方面也有一定的服务经验,能独立担当日常家庭事务的打理。雇主聘请中级以上的服务工,她们会很快进入服务状态,比请初级服务工要省心些,但她们不足的地方是极少数人有些"老油条"。

二、涉外保姆

涉外保姆是专业为外籍家庭及高端家庭提供英语达四级、大专以上学历的管家型服务人才,她们英语流利,有较强的沟通能力和主动配合能力,具备高端家庭事务的打理和管理能力,擅长儿童中英文教育和学习辅导。

三、高级管家

高级职业技能服务就是人们通常所说的高级管家,她们都是具备大专以上学历,英语水平达三级以上,熟悉电脑的使用,年龄在 26 岁以下的"多元化"服务型人才;也有少数年龄在 30～40 岁的"大龄高管"。高级管家要求标准是:既能主理家务,又能处理商务;既能教书育童,又懂饮食营养;既会待人接物，又懂礼仪着装；对日常采买、洗衣熨烫、简单花艺、宠物饲养等方面都有所涉猎。是既进得厅堂，也入得厨房的多元化服务人才。

四、育婴早教

育婴早教服务师，是指学历达到高中（中专）以上并经育婴早教专业培训、年龄在45岁以下的一专多能服务员工，她们的强项是科学育儿、早教幼教。这个服务群体都是经过公司职业技能培训中心长达一个月以上的系统规范培训并通过理论、实操两个方面考核后上岗的员工。她们不但擅长婴幼保育、早期教育，而且在打理家务上与普通家政服务员工相比也不逊色。她们的沟通互动能力和理解能力都是相当不错的，因为他们的培训起点高，要求严，没有良好的心理素质和职业道德，是无法胜任这份工作的。

五、钟点服务

钟点服务分为两大类：

1.以小时计算费用的临时性家庭服务用工。

2.以小时/日定时定人的包月家庭服务用工。临时用工随叫随到，但不定位到某一个服务钟点工，包月钟点工是定时、定点、定人的固定服务工。从服务工工资计算标准来说，包月家庭服务用工要实惠一些。

六、幼教保育

幼教保育师是指学历达到高中（中专）学历以上，年龄在35岁以下，并经职业教育培训中心专业培训合格的服务员工，她们所面对的是两岁以上的小朋友，她们的强项是儿童启蒙教育、儿童智力开发，她们善于和儿童做游戏、唱儿歌、讲故事、跳舞蹈、进行户外活动等。这个服务群体年龄较轻，而且性格活泼开朗，有一定的语言表达能力和沟通能力。同时，她们经过公司职业技能培训中心长达一个月以上的系统规范培训并通过了理论、实操两个方面考核。她们不但在儿童教育方面有一定的能力，而且在宝宝生活资料和家务打理方面也有一定的能力。她们的沟通互动能力和理解能力都是相当不错的,因为他们比较年轻且受过良好的教育,公司的培训起点较高,要求严格,如果达不到幼教保育的培训要求标准,即会被淘汰出局。

七、月子护理

"专业月护"是专为准妈妈提供专业护理保健的"月护师",她们的主要工作内容是:孕产妇及新生儿的临床医学护理及保健。从事专业月护的员工均毕业于正规的医护院校,并有一定的监床护理经验及能力;专业化的临床护理,使孕、产妇在产前、产期、产后,从心理到生理上得到全面的呵护。

八、家教外教

1.由老师直接上门"一对一"辅导。

2.直接来家教中心上课;家教中心的老师,均来自于在校的专职任教老师。有着丰富的教学经验和方法,在培优补差、启发引导、培养学习兴趣及模拟测题方面均有真材实料,师德作风良好,不误人子弟。

3.家教辅导以小时计算课时费,不同年级的课时费用均不相同,奥数、奥英、特长教育的收费要比正常学科辅导的课时费高一些。

第四节 家政服务的职业守则

一、基本条件

从事家政服务工作应具备以下条件:

1.年满 16 周岁,有民事行为能力和服务技能;

2.受过初中或同等学历教育;

3.有合法的身份证件;

4.身体健康,持有县级(含)以上医院的体检合格证明;

5.家政服务人员应当如实向经营者提供本人身份、学历、健康等资格证明及其他有关资料;

6.家政服务人员要逐步做到持职业资格证书上岗。

二、行为准则

1.遵守国家各项法律、法规和社会公德;执行《公民道德建设实施纲要》,自尊自强,爱岗敬业;遵守企业各项规章制度,维护经营者和消费者的合法权益。

2.遵守职业道德,尊重消费者生活习惯,主动适应消费者,视消费者如亲人,不虐待所照看的老、幼、病、残人员;不泄露消费者隐私;不参与消费者家庭及邻里的矛盾纠纷,不传闲话,以免激化矛盾;不向消费者借钱或索要财物;在离开消费者家庭时,若有需要,要主动打开自己的包裹让其检查,以示尊重。

3.遵守合同条款,不无故违约,不无故要求换户或不辞而别。如与消费者发生矛盾,出现消费者侵犯家政服务人员合法权益,或变更服务地址、服务工种等,无论何种原因,家政服务人员均应先行告知经营者,不要擅自处理。

4.努力学习服务技能,完成经营者和消费者安排的工作任务。对不会使用的器具,未经经营者指导和消费者允许不要使用。未经消费者同意不使用其通信工具和电脑等设备。

5.保证自身和消费者的安全。不要与异性成、青年人同居一室;不带亲朋好友在消费者家中停留或食宿;不擅自外出或夜不归宿,如有特殊情况不能按时返回,要征得消费者同意;要注意防火、防盗.

三、仪态仪表

1.讲究个人卫生,着装整洁大方,不能过于随意,不穿紧身衣裤或过于暴露的服装;

2.佩戴饰物要适当,不浓妆艳抹,不留长指甲和涂指甲油;

3.言谈举止大方得体,与消费者交流时要正视对方,不要左顾右盼,不能双臂交叉或双手插在兜里;

4.进入消费者卧室前应先行敲门,以示礼貌和尊重;

5.提倡讲普通话,要使用文明用语,杜绝不礼貌的语言和行为。

第十章

劳动教育与实践安全

21世纪需要培养自立、创新的人才。对于培养未来人才的全面素质来说,劳动技能素质是必不可少的。劳动教育是我国基础教育的优秀传统,是素质教育中一个极其重要的方面,对培养学生劳动观念、磨炼意志品质、树立艰苦创业的精神以及促进学生多方面的发展具有重要作用。如何在新形势下对学生进行切合实际的劳动安全教育,培养他们良好的劳动习惯,增强在劳动教育与实践中的安全意识,更是值得好好探讨的问题。

第一节　做好劳动安全教育,增强劳动安全意识

在当前社会不断发展过程中,劳动安全教育是高职院校教育教学的重点内容,同时也是大学生知识体系不可缺少的组成之一。积极对大学生进行劳动安全教育,能够促进其健康心理的形成,对大学生发展也有着十分重要的意义。

高职院校教育担负着培养人才的重任,也肩负着培养学生安全自卫、自救的特殊使命。大学生劳动安全问题心系千家万户,同时也关系着社会的和谐发展,与国家未来发展有着十分密切的联系。目前我国各大高校频繁发生各种触动人心的劳动安全事故,直接反映了对大学生进行劳动安全教育的迫切性。因为当前教学体系和教学方式存在的弊端,大学生普遍存在劳动安全意识较弱的问题,所以,高职院校需要积极开展劳动安全教育工作。

一、学校应高度重视劳动教育课安全

大学生群体思想积极向上,充满热情和朝气,乐于助人,是兼具危机感与使命感的特殊群体。但是由于地域、家庭、社会等环境差异,高职院校学生有着以下几点特征:

(一)文化课基础薄弱,学习兴趣较低

高职学生文化课程基础普遍较为薄弱,对基础课程学习兴趣较低,使得很多学生不愿参加基础课程学习,进而影响学习积极性和学习效果。基于高职院校专业特征,报考此类院校的学生通常都对技能型专业课程学习感兴趣,对技能型课程自我学习和探索能力以及课堂表现都高于基础课程。

(二)集体观念薄弱,组织纪律性较差

在高职院校中,00后大学生个性普遍较强,且喜欢自由,对新鲜事物的接受能力、好奇心都十分强烈,但是这一阶段的学生不够独立,很多时候都以自我为中心,不重视他人感受。他们对自己喜欢的事物会积极探索和研究,对不感兴趣的事情都呈现出消极态度,缺乏主动性。另外,他们对集体活动和公益活动都缺少参与热情,旷课、违反纪律的问题经常发生,院校虽然也做出了相应处理,但是他们通常都是不以为然。

(三)情绪控制力较弱,应变能力差

当前大部分00后都是家里的独生子,长期娇生惯养,在遇到问题和困难时,都是家里父母出面解决,他们独立面对问题、分析问题、解决问题的能力较弱。因此,他们在遇到问题之后的自我判断能力和分析处理问题能力都较低。大学生社会经验相对较少,遇事激动,自我情绪管控较弱,容易相信别人,这是为其自身安全带来隐患的重要因素。

二、劳动安全是开设劳动教育课的重要保障

(一)设立全员参与的联动机制

院校劳动安全教育是一项系统性工程,在过程中需要学校、家庭以及社会共同合作完成,各自担负相应职责。学校在其中有着重要作用,明确院领导、保卫人员、心理咨询教师、辅导员以及班主任等的工作职责和任务,还需要承担起建立学校、家庭以及社会联动工作机制。通过细心观察和交流等方式了解学生们的想法和动态,经常向家长反馈学生在校表现,如果出现劳动安全风

险或已经发生劳动安全事故,需要积极做好心理辅导和相关善后工作,及时与学生家长和相关部门进行联系,共同面对危机。

(二)构建安全信息快速反馈体系

将劳动安全事故控制在萌芽状态,或者为已经发生的劳动安全事故赢得黄金处理时间,在这一过程中,构建畅通的信息快速反馈体系十分重要。首先需要重视校园劳动安全这一问题,不断加大安全投入,建设多重联防机制,从人防、物防以及技防等多方着手,将传统防卫体系与现代化防卫体系相互融合,借助信息技术与大数据技术构建校园劳动安全管理机制,进而保障大学生们的人身安全。其次构建校际突发事件应急协作体系,及时开展突发事件的应急处理,使得大学生们在不良行为发生时快速获取信息,快速了解事态情况,以便及时教育和援助大学生们。

(三)树立学生们的劳动安全意识

当前高职大学生劳动安全问题频频发生,与自身劳动安全意识薄弱有着极大的关系。由于年龄、文化程度以及家庭背景等多重影响,高职院校学生劳动安全意识薄弱的主要表现为自控能力弱、缺乏责任意识等多个方面。想要有效减少院校劳动安全事故的发生率,就需要学生通过感知和思维以及想象等对劳动安全建立准确的认识,对外在安全事物状态进行科学判断,同时对自己的行为进行控制,避免自己受到伤害。另外,高职院校辅导员与班主任还可以从学生做人、做事等细节方面开展劳动安全教育,从不同角度加强学生们的自我防范能力和自我保护能力。劳动安全是所有参与者重要责任。在做人方面,要教育学生理性分析自己的为人做事,不贪图便宜,要踏踏实实。在做事方面,要认真分析哪些事情可以做,哪些事情不可以做,加强学生们的法律意识,让其学会用法律武器保护自己,以免受到不必要的伤害。如果发生劳动安全事故,也要学会冷静,及时寻找有效的解决对策或寻求帮助,尽量将事故损失降到最低。

三、保证劳动安全是所有参与者的重要责任

劳动教育课对于学生来讲,虽然只有为期一周的学习实践时间,但是这期间的劳动安全教育也很重要。

(一)学校是学生劳动安全的责任人

根据部育部《学生伤害事故处理办法》第十一条"学校安排学生参加活动,因提供场地、设备、交通工具、食品及其他消费与服务的经营者,或者学校以外的活动组织者的过错造成的学生伤害事故,有过错的当事人应当依法承担相应的责任。"劳动安全课是学校安排的一项教学活动,学校是提供场地及设备者,学校应对实习学生承担一定的管理和保护的义务,如果学校没有尽到相应的义务而导致学生出现安全事故,造成学生的人身损害,学校应在其过错范围内承担相应的责任。

(二)学生也是劳动期间的责任人

学生在劳动期间也要对自己的劳动安全负有一定责任,要特别重视劳动技术知识的学习。任何一种稍繁杂的劳动,都有个方法、技巧问题,学生在劳动中要学得一定的技术、技巧,发现各种劳动活动中的独特规律,从而长知识,增本领。要严格遵守学校的劳动纪律及操作规范,尽量规避各种风险。

第二节　严密组织劳动实践,落实劳动安全责任

一、组织劳动教育安全理论课

劳动教育课课程为大学生一年级思想品德公共必修课,由劳动教育理论

教学和劳动实践(周)两部分组成。采用理论教学和劳动实践为主的方法,组织教学与实践活动。每位学生必须修完全部课程,并经理论考试及格以上和劳动实践考核评定合格以上,获得课程成绩 60 分及以上计 2 个学分方能毕业。

劳动安全教育在理论授课时,教师要因势利导地多讲解一些典型案例以及与学生身心安全密切相关的案例,利用学校多媒体投影设备进行生动直观的教学,使课堂教学效果得到加深。

二、劳动实践中的安全注意事项

劳动实践是这门课的侧重点,约占总学时的 90%。学生在劳动过程中通常会有一些抵触心理,怎样调动这些学生的劳动积极性是指导教师需要解决的一道难题。通过一段时间的教学实践,在组织校园劳动时,教师要做到以下五点。

(一)分工明确,责任到人

在安排劳动量的时候,要能够使每个学生有具体的事干,不至于学生稀里糊涂,老师也得过且过,最后完不成劳动任务,也找不到负责人,致使实践环节不了了之。

(二)妥当布置,知人善任

在布置任务时要对具体人安排适当的活干,避免使劲小的学生做重活,小马拉大车。对每一名学生要做到心中有数,给予他们乐于去做的事做,充分调动其劳动的积极性和创造性,吸引那些逃避劳动的人自觉参加劳动。

(三)勤巡回检查,遇到问题及时纠正

要求指导教师及时深入学生劳动实践中,检查任务完成情况,对没有达标的工作,责其返工,并检查返工的结果,直到合格为止,以达到端正学生劳动敷衍了事态度的教育目的。

(四)奖罚分明,劳动竞赛,充分调动其积极性

大学生有争强好胜的自尊心理,还有较为深刻的思考能力,抓住这些心理开展劳动竞赛,掌握尺度,实施明确的加分和奖、罚分制度,对其有很大的激励作用。

(五)劳动中的安全教育

这是劳动实践的重点,学生在劳动时要注意使用工具的安全,注意工间休息的人身安全,注意劳动保护和相互配合。

第三节　完善劳动安全预案,确保劳动安全有序

一、熟悉预案

要熟悉劳动课安全预案。安全工作是重中之重,应放在首位,千万马虎不得,在加强日常安全教育与督查的基础上,应做好事故应急的准备,一旦发生事故,应果断地采取有效措施,尽量把事故产生的危害降低到最低程度。具体方案如下:

(一)事故发生时的应急措施

1.快速行动,果断处理

当参加劳动实践学生突然出现安全事故时,作为辅导员或班主任一旦接到信息,就应立即行动。如伤者还在事故现场,马上在第一时间赶到事故现场,根据事故性质的大小、伤者的伤势情况采取果断措施,伤者严重的要马上送医院救治;如伤者已在医院,辅导员或班主任接到消息后,要马上赶往医院,看望伤者,同时做好安慰学生、家长的工作,尽量取得学生与家长的谅解。

2.及时汇报

接到安全事故信息时,应尽快向学校汇报,快速采取对策,为学校在以后事故处理时争取主动地位。

3.在事故基本得到控制后,及时向保险公司报案

报告学生安全事故的发生经过,记录报案时间和报案编码。

(二)事故发生后分析事故原因

1.辅导员或班主任亲临现场,详细了解事故发生的经过。

2.根据事故的性质,学校派出相关人员对现象进行拍照,采访知情者,并作详细记录。

3.分析事故发生的原因是人为原因,还是其他客观原因;是意外突发事故,还是由于学生自己操作不规范或其他安全隐患所引起的。

4.辅导员或班主任写好事故分析报告,及时上交学校,并提出合理化建议。

5.认真总结事故教训,加强安全防范。

(三)稳妥处理事故的善后工作

1.受伤学生住院期间,校领导要常去看望伤者,帮助学生解决各方面的困难,避免学生家长对学校产生不满的情绪。

2.根据事故的大小,有必要的向学校申请派出专门的事故处理小组,与有关部门一起协调处理善后工作。

3.积极帮助受害学生办理人身保险的报销工作。

4.如学生确实比较困难,应主动做好给患者捐资的组织工作。

二、必要时及时启动预案

当今社会不断发展,各种危机频发、高发,加强危机管理,是摆在学校面前的一项重要的任务。危机虽然不可避免,但是可以管理的,师生具备危机意识和自救互救能力,可以减少危机的发生,积极的危机应对则可将危机造成的损失降到最低。

（一）应急预案和应急演练一定要突出实用

1.预案编制和修订要简明实用

突发事件应急预案是应对突发事件和开展应急管理工作的重要指导文件，关系着突发事件应急处置的成败。

一方面，突发事件应急预案编制和修订的重点要放在"简明实用"这个定位上，编制简明实用手册。另一方面，各级领导干部、部门工作人员要认真学习、熟悉掌握应急预案，特别是与自己有关的应急预案，把预案的主要内容装在脑子里，确保一旦发生突发事件能快速有效地应对。

2."平战结合"，狠抓应急演练，通过演练提升应急实战能力

应急演练是检验应急预案是否管用和提升突发事件应对能力的重要保证。所以，要加大日常的突发事件应急预案演练力度，通过经常演练来熟悉应对突发事件的各项处置流程，及时发现问题和不足，致力于改进和完善预案，确保一旦出事时，能够拉得出、用得上、打得赢。

（二）务必加强应急值守和信息报送

1.建立健全应急值守值班体系，做到岗责一体、有急能应。

在具体建设上，要建立健全应急值守值班制度，做到领导带班，专人值守，平战结合，反应灵敏；要完善值守值班工作流程，确保有急能应，万无一失；要建立健全延伸到基层人员的应急值守值班体系，确保一旦发生突发事件，能够第一时间作出反应，成为应对突发事件的第一信号站。

2.狠抓应急信息报送工作，做到主动上报、及时上报。

突发事件具有突发性、紧迫性、破坏性，报送要突出"快"和"准"，二者是一体两面，缺一不可。在紧急情况下，可以先电话报告，然后补文字材料，并做好续报工作。

3.对突发事件的应急处置要做到及时、妥善、有力、有效。

突发事件应急处置与救援，是应急管理工作的核心环节。在具体工作上，对以下八个环节要引起重视并切实抓好：

（1）必须及时报告信息

突发事件发生之后，要第一时间上报，为学校和领导应对处置赢得时间

和主动。

（2）必须做好先期处置

突发事件发生后，遵循属地原则，事发地要不等不靠，及时做好上报信息工作，积极主动地进行先期处置，尽力防止事件扩大、蔓延或升级，等待和协助上级有关方面的驰援救助。

（3）及时启动应急预案

及时启动相应类别、级别的应急预案，组织、动员和协调一切力量和应急资源，迅速展开处置与救援行动。

（4）相关领导要及时到场

领导到现场，对于受伤学生是一种精神安慰。负责处置事件的领导、相关负责人要迅速赶到现场，负责现场的指挥调度、综合协调、组织管理、应急保障，有序、有力、有效地指挥处置，防止现场出现混乱。

（5）形成合力

各相关部门和有关方面必须各司其职、各负其责，服从调度指挥，做到既做好本职工作，又加强联合行动，形成工作合力，提高应急处置效率和救援效率。

（6）应急保障要有力、不惜代价

突发事件一旦发生，需要保障部门迅速到位，涉及的人、财、物、设施设备以及救援所需相关物资，一定要及时保障到位，调动一切可以调动的资源和力量，保证应急和救援的需要。

（7）充分听取意见建议

听取行业专家、应急救援与处置专家和一线专业人员的意见建议。

（8）善后处理要稳妥

统揽全局，坚持以人为本的原则，全方位考虑，切实维护和保障学生的根本利益，做好学生伤后生活救助、救抚、安置、补偿、理赔等后续工作。

附 录

附录 1

高等学校勤工助学管理办法

（2018 年修订）

第一章　总　则

第一条　为规范管理高等学校学生勤工助学工作,促进勤工助学活动健康、有序开展,保障学生合法权益,帮助学生顺利完成学业,发挥勤工助学育人功能,培养学生自立自强、创新创业精神,增强学生社会实践能力,特制定本办法。

第二条　本办法所称高等学校是指根据国家有关规定批准设立、实施高等学历教育的全日制普通本科高等学校、高等职业学校和高等专科学校(以下简称学校)。

第三条　本办法所称学生是指学校招收的本专科生和研究生。

第四条　本办法所称勤工助学活动是指学生在学校的组织下利用课余时间,通过劳动取得合法报酬,用于改善学习和生活条件的实践活动。

第五条　勤工助学是学校学生资助工作的重要组成部分,是提高学生综合素质和资助家庭经济困难学生的有效途径,是实现全程育人、全方位育人的有效平台。勤工助学活动应坚持"立足校园、服务社会"的宗旨,按照学有余力、自愿申请、信息公开、扶困优先、竞争上岗、遵纪守法的原则,由学校在不影响正常教学秩序和学生正常学习的前提下有组织地开展。

第六条　勤工助学活动由学校统一组织和管理。学生私自在校外兼职的行为,不在本办法规定之列。

第二章　组织机构

第七条　学校学生资助工作领导小组全面领导勤工助学工作,负责协调学校的宣传、学工、研工、财务、人事、教务、科研、后勤、团委等部门配合学生资助管理机构开展相关工作。

第八条　学校学生资助管理机构下设专门的勤工助学管理服务组织,具体负责勤工助学的日常管理工作。

第三章　学校职责

第九条　组织开展勤工助学活动是学校学生工作的重要内容。学校要加强领导,认真组织,积极宣传,校内有关职能部门要充分发挥作用,在工作安排、人员配备、资金落实、办公场地、活动场所及助学岗位设置等方面给予大力支持,为学生勤工助学活动提供指导、服务和保障。

第十条　加强对勤工助学学生的思想教育,培养学生热爱劳动、自强不息、创新创业的奋斗精神,增强学生综合素质,充分发挥勤工助学育人功能。

第十一条　对在勤工助学活动中表现突出的学生予以表彰和奖励;对违反勤工助学相关规定的学生,可按照规定停止其勤工助学活动。对在勤工助学活动中违反校纪校规的,按照校纪校规进行教育和处理。

第十二条　根据本办法规定,结合学校实际情况,制定完善本校学生勤工助学活动的实施办法。

第十三条　根据国家有关规定,筹措经费,设立勤工助学专项资金,并制定资金使用与管理办法。

第四章　勤工助学管理服务组织职责

第十四条　确定校内勤工助学岗位。引导和组织学生积极参加勤工助学活动,指导和监督学生的勤工助学活动。

第十五条　开发校外勤工助学资源。积极收集校外勤工助学信息,开拓校外勤工助学渠道,并纳入学校管理。

第十六条　接受学生参加勤工助学活动的申请,安排学生勤工助学岗位,为学生和用人单位提供及时有效的服务。

第十七条　在学校学生资助管理机构的领导下,配合学校财务部门共同管理和使用学校勤工助学专项资金,制定校内勤工助学岗位的报酬标准,并负责酬金的发放和管理工作。

第十八条　组织学生开展必要的勤工助学岗前培训和安全教育,维护勤工助学学生的合法权益。

第十九条　安排勤工助学岗位,应优先考虑家庭经济困难的学生。对少数民族学生从事勤工助学活动,应尊重其风俗习惯。

第二十条　不得组织学生参加有毒、有害和危险的生产作业以及超过学生身体承受能力、有碍学生身心健康的劳动。

第五章　校内勤工助学岗位设置

第二十一条　设岗原则:

(一)学校应积极开发校内资源,保证学生参与勤工助学的需要。校内勤工助学岗位设置应以校内教学助理、科研助理、行政管理助理和学校公共服务等为主。按照每个家庭经济困难学生月平均上岗工时原则上不低于20小时为标准,测算出学期内全校每月需要的勤工助学总工时数(20工时×家庭经济困难学生总数),统筹安排、设置校内勤工助学岗位。

(二)勤工助学岗位既要满足学生需求,又要保证学生不因参加勤工助学而影响学习。学生参加勤工助学的时间原则上每周不超过8小时,每月不超过40小时。寒暑假勤工助学时间可根据学校的具体情况适当延长。

第二十二条　岗位类型:

勤工助学岗位分固定岗位和临时岗位。

(一)固定岗位是指持续一个学期以上的长期性岗位和寒暑假期间的连续性岗位;

(二)临时岗位是指不具有长期性,通过一次或几次勤工助学活动即完成任务的工作岗位。

第六章　校外勤工助学活动管理

第二十三条　学校勤工助学管理服务组织统筹管理校外勤工助学活动,并注重与学生学业的有机结合。

第二十四条　校外用人单位聘用学生勤工助学,须向学校勤工助学管理服务组织提出申请,提供法人资格证书副本和相关的证明文件。经审核同意,学校勤工助学管理服务组织推荐适合工作要求的学生参加勤工助学活动。

第七章　勤工助学酬金标准及支付

第二十五条　校内固定岗位按月计酬。以每月 40 个工时的酬金原则上不低于当地政府或有关部门制定的最低工资标准或居民最低生活保障标准为计酬基准,可适当上下浮动。

第二十六条　校内临时岗位按小时计酬。每小时酬金可参照学校当地政府或有关部门规定的最低小时工资标准合理确定,原则上不低于每小时 12 元人民币。

第二十七条　校外勤工助学酬金标准不应低于学校当地政府或有关部门规定的最低工资标准,由用人单位、学校与学生协商确定,并写入聘用协议。

第二十八条　学生参与校内非营利性单位的勤工助学活动,其劳动报酬由勤工助学管理服务组织从勤工助学专项资金中支付;学生参与校内营利性单位或有专门经费项目的勤工助学活动,其劳动报酬原则上由用人单位支付或从项目经费中开支;学生参加校外勤工助学,其劳动报酬由校外用人单位按协议支付。

第八章　法律责任

第二十九条　在校内开展勤工助学活动的,学生及用人单位须遵守国家及学校勤工助学相关管理规定。学生在校外开展勤工助学活动的,勤工助学管理服务组织必须经学校授权,代表学校与用人单位和学生三方签订具有法律效力的协议书。签订协议书并办理相关聘用手续后,学生方可开展勤工助学活动。协议书必须明确学校、用人单位和学生等各方的权利和义务,开展勤工助学活动的学生如发生意外伤害事故的处理办法以及争议解决方法。

第三十条　在勤工助学活动中,若出现协议纠纷或学生意外伤害事故,协议各方应按照签订的协议协商解决。如不能达成一致意见,按照有关法律法规规定的程序办理。

第九章　附　则

第三十一条　科研院所、党校、行政学院、会计学院等研究生培养单位根据本办法规定,制定完善本单位学生勤工助学活动的实施办法。

第三十二条　本办法由教育部、财政部负责解释。

第三十三条　本办法自公布之日起施行。教育部、财政部印发的《高等学校勤工助学管理办法》(教财〔2007〕7 号)同时废止。

教育部 财政部
2018 年 8 月 20 日

附录 2

厦门南洋学院劳动课成绩评定和管理办法
（试行）

第一节　课时、学分、成绩评定标准

一、课时、学分

劳动教育课为大学生一年级思想品德公共必修课,由理论教学和劳动实践(周)两部分组成。采用理论教学和劳动实践为主的方法,组织教学与实践活动。课程共 40 课时,计 2 学分。其中劳动教育理论课占 4 课时,劳动实践(周)7 天共 36 课时,星期一、星期二、星期四、星期五每天按 6 课时计算,星期三、星期四、星期天每天按 4 课时计算。每位学生必须修完全部课程,并经理论考试及格以上和劳动实践考核评定合格以上,最后总评在 60 分及以上计 2 个学分方能毕业。

二、成绩评定标准

劳动教育课程成绩总分按 100 分计算,具体标准为:

1.理论考试成绩 100 分,占 10%;

2.遵守劳动纪律,按 40 课时考勤,占 10%;

3.劳动态度、目的、责任感占 10%;

4.积极主动、技能熟、干劲足占 10%;

5.任务标准、效率高占 30%;

6.合作精神、有序劳动占 10%;

7.爱惜公物、劳动安全占 10%；

8.劳动实践中起到典型模范作用，占 7%；

9.其他情况，占 3%。

第二节　成绩评定细则

1.缺课(含旷课、逃课)1 课时者，实扣 1 分；请假、迟到(15 分钟以内)1 课时者，实扣 0.5 分，累计计算并实扣总分。

2.劳动态度、目的、责任感，表现优秀的可评 80～89 分；中等可评 70～79 分；一般可评 60～69 分；表现不好者评 59 分以下。

3.表现积极主动、热情高、技能熟、干劲足的可评 80～89 分；中等可评 70～79 分；一般可评 60～69 分；表现不好者评 59 分以下。

4.完成任务标准高、区域保洁效果好，无举报投诉的区域，可评 80～89 分；中等可评 70～79 分；一般可评 60～69 分，举报和投诉多、保洁不到位的评 59 分以下。

5.各小组在区域劳动中分工合作好，劳动和谐、有序的，可评 80～89 分；中等可评 70～79 分；一般可评 60～69 分；劳动中无分工合作，工作无序的，可评 59 分以下。

6.爱惜公共财产和劳动工具，无丢失问题，劳动中安全无事故的可评80～89 分；中等可评 70～79 分；一般可评 60～69 分；不爱惜公物财产，出现劳动事故者，可评 59 分以下。

7.在劳动实践周中的每天进行一次劳动小结，并可表扬先进典型人和事，被表扬者每次可实加 1 分，累计可实加 7 分；在每天劳动小结中对综合表现不好受到点名批评的，每次可实扣 1 分，累计可实扣 7 分。

第三节　课程成绩管理规定

劳动教育课在分管教学副校长和分管学生工作副校长领导下，由教务处、学工处、二级学院和课程教研室按照职责要求，严格组织实施教育教学、实践管理、考试考核、成绩评定和登录等教学管理与协调工作。

第四节　具体要求

1.各班级可按课程成绩评分的 7 项标准和有关评分细则,精细化掌握劳动情况,精细化统计有关数据,及时计算分值并通报全班同学,以调动大家参与劳动的积极性。各班级也可根据实际,增加个人不良行为、平时表现、劝导其他同学改正问题等实际情况,酌情增减个人总分。

2.各班级可每天按个人各项实得分按比例计算到个人,再累计 7 天之和得出个人该课程总评成绩,也可每天个人各项均按实得分计算,累计各项 7 天之和再按各项有关比例计算个人该课程总评成绩。个人课程成绩不得超过100 分。

3.学生劳动教育课成绩由辅导员综合该课程全过程情况,客观评定班级学生的课程成绩,并一式三份报送分管学生工作的院长助理批准,一份由辅导员登录教务成绩系统,一份由院教务员留存,一份报教研室留存。

4.该课程个人总评成绩达到 60 分及以上者,为课程成绩"合格"并计 2 学分;个人课程总评成绩为 59 分及以下者,必须重新修读,具体修读(参加劳动实践周)时间,由学工处统一在下一学期计划安排。未通过本课程考核的,不予发放毕业证书。

5.学生确因身体原因不能参加校园劳动实践者,经过校医务室医生诊断,或者家庭变故确实不能参加劳动教育课的,可以提前办理请假手续。临时生病请假达不到课程"合格"成绩的,或者请假回家处理问题未参加劳动教育周课程的,均由学工处统一在下一学期计划安排。未通过本课程考核的,不予发放毕业证书。

附录3

厦门南洋学院勤工助学管理办法

第一章　总　则

第一条　为加强和规范我校大学生勤工助学管理工作,维护学校的正常秩序,培养和提高学生的整体素质,帮助贫困学生克服困难,树立自信、自强、自主、自立意识,顺利完成学业,根据原国家教委《普通高等学校学生管理规定》和原国家教委、财政部《关于进一步做好高等学校勤工助学工作意见的通知》精神,结合我校实际工作情况,特制定本管理办法。

第二章　岗位与申请

第二条　学生处每学年初在全校组织一次勤工助学用工登记工作,拟招聘勤工助学学生的单位需填写《厦门南洋职业学院勤工助学用工登记表》,学生处根据登记情况进行摸底调查,经与有关部门会商后确定具体岗位。岗位分为长期岗位和临时岗位。

第三条　校外用人单位招聘勤工助学学生也需填写《厦门南洋职业学院勤工助学用工登记表》,并出示单位证明材料,经学生处同意后方可招聘。岗位也分长期岗位和临时岗位。

第四条　学生勤工助学申请程序

1.具有我校学籍的全日制学生均有资格参加各类勤工助学活动,同等条件下,除特殊岗位外,家庭经济困难者优先。

2.申请学生需填写《厦门南洋职业学院勤工助学申请表》,报院学生工作领导小组。

3.院学生工作领导小组对学生的申请进行审核,签署意见后,报学生处。

4.学生处对学生的申请进行审批、登记和汇总,建立勤工助学学生档案。

第三章 管理与监督

第五条 勤工助学活动的组织与管理、教育与指导、监督与协调、咨询与服务等由学生处具体负责。

第六条 申请参加勤工助学活动的学生,经学生处批准及用人单位考核、录用后,要与用人单位签订用工协议,并由学生处统一发放《厦门南洋职业学院学生勤工助学手册》(以下简称《手册》)。

第七条 聘用勤工助学学生的单位和部门,要积极做好勤工助学学生的教育管理工作,落实学生的劳动保护和安全,加强技术指导,了解和掌握学生的劳动表现情况,并如实填写在《手册》上。每学期末或工作结束后,学生将《手册》带回学生处备案。

第八条 学生勤工助学要遵守劳动纪律,严守操作规程,注意安全,讲究职业道德,艰苦奋斗。对于在勤工助学活动中表现突出的单位和个人予以表彰奖励;对于勤工助学活动中的违法乱纪者,要视情节轻重,给予批评教育或校纪处分,并在一学年内取消勤工助学资格。

第九条 学生处将勤工助学学生的工作情况及时反馈给有关学院,并在聘用期满后,对该生在勤工助学中的实际表现情况作出鉴定。

第十条 勤工助学学生与用工单位之间签订的用工协议的执行情况,由学生处进行检查、监督和协调。

第四章 工时与报酬

第十一条 学生从事勤工助学活动,原则上限于假期和课余时间。周一至周五,每天劳动时间一般不超过 2 小时;周六、周日每天劳动时间不超过 6 小时;寒暑假期间每天劳动时间不超过 8 小时。

第十二条 校内勤工助学由学生处每月根据用工部门的用工报表,结合《手册》反馈情况,按学生的劳动量和实际表现付酬。勤工助学报酬由学生本人来学生处领取或存入爱心卡中。

第十三条　学生在校内参加勤工助学活动,其报酬原则上每小时不低于12元。

第十四条　校外勤工助学工作报酬由用工单位或个人按协议支付。

第十五条　学校后勤服务与其他营业性部门的勤工助学报酬,用工部门一般应按所聘用临时工工资发放,不足部分由学生处补给。

第五章　其　他

第十六条　学生勤工助学活动在学生处和所在学院领导下进行,并作为社会实践、劳动教育的一个重要组成部分,纳入学生的整体评价体系。

第十七条　勤工助学必须在遵守国家法规和学校规定,维护校园秩序、不影响学生正常学习和集体活动的前提下,有组织地进行。任何学生个人、团体或用人单位未经学生处许可,不得在校园范围内招录学生参加勤工助学或进行各种经营性活动。

第十八条　学习成绩差、延长学业的学生原则上不能参加勤工助学活动。

第六章　附　则

第十九条　自发布之日起实行,由学生处勤工助学中心负责解释。

学生工作部(处)

2018 年 11 月 3 日

附录 4

厦门南洋学院勤工助学安全管理规定

交通安全

参加勤工助学的同学无论是做家教还是其他兼职工作,很多时候都需要走出校园,面对校外非常复杂的交通状况。如果没有在思想上对交通安全予以足够的重视,也许只是一个小小的意外,就会造成严重的后果,甚至失去生命。因此,提高防范意识,了解和掌握必要的交通安全知识是非常必要的。

步行时

1.集中注意力,"眼观六路,耳听八方"。

2.遵守交通规则,走人行道,过马路走人行横道。

3.通过路口时要严格遵守指示灯指令;如无指示灯要停下来看清路况再通行。

4.过马路时注意遇绿灯再通行,不要抢在红灯前的几秒钟里急速穿越马路。

5.切忌为赶时间、赶车边吃东西边过马路。

6.不乱穿马路,不与机动车抢道,不突然横穿马路、翻越护栏。

骑车时

1.车技不熟,切忌上路。

2.经常检查车辆,不骑损坏严重、无牌照或车闸失效的车上路。

3.不并行、不带人、不相互追逐、不逆向行驶。

4.切勿骑"飞车",比速度。

5.转弯前应减速慢行,伸手示意,不突然猛拐。

6.经过车流量大的路口尽量下车推行。

乘车时

1.车辆进站,应站在站台上等候上车,不要冲到车行道上。

2.无座位时,抓好扶手站好,以防车辆突然刹车时摔倒。

3.车辆行驶过程中不要把身体伸出窗外。

4.到站下车时,不急于下车,等车停稳后再下车。

5.不要搭乘"黑车"。

人身安全

在勤工助学中除了交通事故外,最易对同学们构成生命威胁的主要是抢劫和骚扰。如果缺乏必要的防范意识、应急措施,一旦遭遇不测,后果非常严重。

抢劫

如何预防抢劫:

1.外出时不要携带过多的现金和贵重物品,注意不要露财。

2.尽量把包背在身上;骑车时将包带系在车把上,以防被抢夺。

3.尽量避免在午休、深夜或人少的时候外出。若非去不可,则应结伴而行。不要单独滞留或行走在僻静、阴暗处。

4.集体外出时不可脱离集体单独行动。

5.如发生脱离集体迷路走失,及时拨打电话与集体取得联系。

6.如发现有人尾随或窥视,不要紧张,不要露出胆怯神态,可回头多盯对方几眼,或者哼歌曲、打电话给朋友,并改变原定路线,朝有人、有灯的地方走,若情况危急要及时拨打110。

如何应对抢劫:

1.路遇抢劫和抢夺时及时拨打110报警。

2.无论什么情况下,只要有可能就要大声呼救,或故意高声与作案人说话。

3.尽力反抗。只要具备反抗能力或有利时机,可借助有利地形、利用身边的砖头、木棒等足以自卫的武器与作案人僵持,使作案人短时间内无法近身,以引来援助者并给作案人造成心理上的压力,使作案人终止继续作案的动机和能力。

4.无法与作案人抗衡时,采取默认方式交出财物,使作案人放松警惕,可看准有利时机向有人、有光的地方奔跑。

5.注意观察作案人,尽量准确地记下其特征,如身高、年龄、体态、发型、衣着、语言、行为等特征。

6.利用抢劫犯作案后急于逃跑的心理,应大声呼叫,并追赶作案人,迫使作案人放弃所抢的财物。若无能力制服作案人,可紧追不舍并大声呼救,引来援助者。

7.追赶不及,应看清作案人逃跑的方向和有关衣着、发型、动作等特征,就近到人多的地方请求帮助并及时拨打110。

性骚扰

性骚扰也是同学们在勤工助学当中有可能发生的危及自身人身安全的一大危险因素。大学生,尤其是女大学生容易在勤工助学当中遇到性骚扰。尽管有的作案人最终受到了法律制裁,但对于当事人来说,其身心受到的损害是难以弥补的。因此,参加勤工助学的同学,尤其是女生,加强防范性骚扰意识和掌握一定的应对措施是非常必要的。

如何防范骚扰:

1.不在晚间去偏远的地方做家教或其他兼职。

2.晚间行走,要走灯光明亮、来往行人较多的大路。对路边黑暗处要有戒备,最好结伴而行,不要单独行走。

3.尽量避免在娱乐场所独处。

4.对陌生人特别是不相识的异性时刻保持警惕,不喝他们给的饮料。

5.不轻易相信允诺,不把个人信息轻易告诉他人。

6.不要搭乘陌生人的机动车、自行车,防止落入坏人的圈套。

7.杜绝占小便宜的心理,对一般异性的馈赠和邀请应婉言拒绝。

8.注意自身的言行举止,不穿过分暴露的衣衫,少穿行动不便的高跟鞋。

如何应对骚扰:

1.发现对自己不怀好意的行为,要严词拒绝。

2.无论在什么情况下,只要有可能,就要大声呼救,或故意高声与骚扰者说话。只要具备反抗能力或有利时机,可借助有利地形,利用身边的砖头、木棒等足以自卫的武器与作案人僵持,使作案人短时间内无法近身,以引来援助者并给作案人造成心理上的压力,使作案人终止其不轨行为。

3.把握时机,快狠准地打击犯罪分子的要害部位,乘机逃离险境,然后及时拨打110报警。除了掌握必要的人身安全的防护知识,与同学之间的相互协作和帮助对参加勤工助学的同学非常重要。外出勤工助学最好提前告知舍友、同学或朋友,并告知回去的大致时间,如果不能在原定的时间返回也最好及时告知。如外出勤工助学的同学未能在约定的时间返回,其舍友、同学或朋友应及时与之联系;倘若无法取得联系,则应迅速向学校反映情况。

财物安全

在勤工助学过程中,有很多环节比如出行、结算工资等都存在着财务安全隐患,极易遭受经济损失。因此,具备财务安全防范意识,了解和掌握一定的相关知识,对于广大参加勤工助学的同学而言具有非常重要的意义。

同学们在出行时尤其是乘坐公共交通工具时容易被盗。一旦被盗,一般情况下丢失的不仅是现金,往往还有一些相关的重要证件,所以一定要提高警惕,加强防盗意识,养成良好的习惯。

防盗

首先让我们了解下车上盗窃的几种形式:

1.开"天窗"。即用手上的报纸、义务、皮包等作掩护,扒窃上衣口袋或内兜。这种扒窃一般挑选混乱和拥挤的时候下手。

2."抱腿"。一般是团伙作案,扒手分工明确。在公交车进站时,由一个小偷制造事端,分散乘客的注意力,旁边的小偷伺机下手。

3."耍刀子"。即使用刀片等工具割破皮包和裤兜。扒手一般在公交车上较拥挤时下手。

4.玩"镊子"。扒手一般会在袖管里藏一只较长的医用镊子,专用来夹外衣口袋和较深的裤兜。

乘车外出时应注意下面几点:

1.不要携带过多的现金和贵重物品。切忌把信用卡、银行卡和身份证放在一起。

2.钱包、手机等应注意保管。手机最好挂在脖子上或能明显感觉到的部位,钱包应放在书包隐蔽处。

3.乘车时应事先准备好零钱,将暂时不用的钱及贵重物品整理好,放在身上可靠的地方。不要临时从钱包掏钱,以免显露出大量现金勾起"贼"意。

4.乘公交车时尽可能不要挤,上、下车时更不要争抢,不要给扒手可乘之机。

5.要和身边的人保持安全距离,即使很挤的情况下,有人靠近就要主动挪动,变换姿势防护。

6.要学会听驾乘人员的"话中话",有时司机发现扒手后不直接明说,就会用一些双关语提醒乘客。

防骗

目前电信诈骗手段层出不穷,致使一些同学往往轻信他人而上当受骗。因此,同学们一定要提高警惕,加强防范意识,以免上当受骗。

提醒:

1.遇事要冷静,避免以感情代替理智,避免冲动。

2.提高警惕,凡事多一个心眼,三思而后行。

3.不贪钱财,不图便宜。

4.多学习观察,不轻信陌生人,提高警惕性。

5.对各类招聘广告和网上兼职信息都要三思而后行,不要轻易相信。

6.不要轻信陌生人,更不要轻易把银行账号和银行卡密码告诉陌生人,要相信天上不会轻易掉馅饼。

防中暑和防台风

厦门气候夏季湿热,特别是进入7月份以后多台风,参加勤工助学的同学一定要注意防暑降温,提前查看天气预报,做好防中暑和防台风的准备,平时多加强保健和锻炼,才能有一个健康的身体去完成学习和工作等各项任务。

提醒:

1.饮食宜清淡,但要保证丰富的营养。

2.多喝水,适量饮用盐开水。

3.保证充足的睡眠。

4.如需外出应提早,尽量避开最热的时间出行。

5.尽量穿白色、浅色或素色衣服,戴遮阳帽,在烈日下做好防晒。

6.身边常备防暑药物,如藿香正气水、清凉油、风油精等。

7.提前查看天气预报,如遇台风天最好不出门。如遇台风,要及时在安全的地方避风避雨,尽量避免在靠河、靠湖、靠海的路堤和桥上行走,注意高层建筑上的高空物品。

学生工作部(处)

2015 年 3 月 6 日

附录5

学生参加劳动课心得体会

参加劳动教育课心得体会(一)

18级旅游管理2班　阿　妹

　　时间过得飞快,转眼间,我们就进入了这个学期不平凡的第十六周。大学生活是惬意而又舒适的,课余时间很多,大多课余时间是散漫的,很少有其他的一些纪律约束着我们。所以我说,这是不平凡的第十六周。

　　在这个学期的第十六周里,我们学院开始了学校组织的基础劳动教育课。在学校虽然也有每周二的宿舍卫生大检查,这只是自己生活住宿场所的卫生清扫整理,无法与基础劳动教育实践周相比较。相比较周二的卫生大检查,劳动教育课就显得很充实了。辅导员在劳动教育实践周前就把各个班级分为多个小组,给每个小组分配了不同的任务,于是我们都成了学校各个角落的辛勤园丁。在劳动教育实践周的第一天,可以说是我在这个学期里起床最早的一天,我们在6:20就早早地在学校红楼大厅前集合,而辅导员在我们到达之前就在红楼的大厅等待着我们,跟我们交代了一些相关的事宜和注意事项。就这样,劳动周的第一天开始了。我被分配在打扫阿里山路和金尚篮球场的小组。当我们开始第一天的打扫时,我们意外地发现,原来我们几乎每天都走的阿里山路,有许多烟头和垃圾可捡,我们之前走这条路的时候几乎都关注不到地上的垃圾和烟头,有的人甚至很轻松地随手一丢就完事了。殊不知如果每天没有敬业的环卫工人按时打扫,那这路上早已垃圾、烟头成堆成片,再加上树上随时会掉落的叶子,在这条路上正常行走都会有困难。还有金尚篮球场里打完篮球之后被遗忘了的水瓶和垃圾。在劳动实践周的第一天,我们就深刻地领会到了环卫工人的辛苦。环卫工人弯腰捡垃圾的动作看似简单,但其实自己弯腰捡几次就知道十分辛苦。我们也时常能看到环卫工人拿着扫把清扫树叶,但就这简单的清扫工作,还真不一定做得好。

在这周接下来的几天时间里,我们当然也不会轻松。我们每天按照时间安排表严格有序地打扫着。每天依然有许多的垃圾,到这时,监督检查已经不重要了,重要的是我们明白了环卫工人的辛苦,不再会乱丢垃圾了! 虽然在这周打扫卫生是我们的责任,但不论是早上还是下午,总有那么几个身影比我们先到达卫生区域,那就是学校里的环卫工人,我们常常会忽略了环卫工人默默劳作的身影,但不得不说她们是美丽南洋校园的创造者和维护者。

在这不平凡的劳动教育实践周里,我们也充实了自己,我相信每个人都有收获。在校园里,营造一个好的学习氛围固然重要,但营造一个洁净、文明、美好的校园环境也许更重要。我们应该多体谅每一位为我们营造美好生活、学习环境,挥洒汗水的辛勤劳动者们。在真切感受到他们的辛苦之后,我们也能以身作则,提高自我的道德素质,自觉做一名文明的大学生。

参加劳动教育课心得体会(二)

18级空中乘务1班　傅家豪

劳动教育课,顾名思义,就是一门要劳动的课程。在这劳动教育实践周里,我们感受到了劳动者的辛苦,同时也让我们收获了许多,学到了许多。刚上课时,部分同学可能连扫把怎么用都不知道,很多同学是第一次接触到这样的基础劳动。正因为如此,我觉得学校开设这门课程是很有必要的,让学生知道劳动者的艰辛,增强劳动观念意识,这样同学们才会更加尊重和珍惜他人的劳动成果。

劳动教育实践周期间,我每天早晨起床都会认真地打扫室内外卫生,把室外的落叶垃圾扫进垃圾桶里,分工明确,劳动工具的使用都得心应手。我对劳动的标准非常高,所以我们组负责的劳动区域,我总是一丝不苟。个别同学还和我抱怨,为什么我们组这么累? 而其他组那么轻松? 但是我们组的劳动成果得到了老师和领导们的赞扬后,大家觉得一切付出都是值得的。

在劳动时,我们组分工明确,谁用大扫把将垃圾集中,谁用小扫把将垃圾扫进垃圾桶内,谁负责运送垃圾桶。我们组人员配合默契、工作流畅。所以,虽然我们组工作量大些,但是我们的劳动时间一般都比其他组少了很多。这是一个团队团结合作的成果。人心齐,泰山移。这些都证明了团结力量大。有首歌唱得好:"团结就是力量,这力量是铁,这力量是钢,比铁还硬,比钢还强!"

一分耕耘,一分收获。你付出了不一定会有回报,但是你不付出就肯定不会有回报。在这忙碌而充实的七天里,我们学会了很多,劳动不仅仅创造了美,也是脑力劳动和体力劳动的完美结合。它启示我们无论做什么事情,都务必持之以恒,从自己做起。劳动如此,学习如此,工作也亦如此。任何一个良好习惯和行为的养成,都不是一朝一夕的事,都需要潜移默化的影响。一个礼拜以后,看到因为我们的劳动而更显整洁美丽的校园,心里的高兴是不可言表的,就仿佛一个艺术家看到自己完成的作品一样。因为,我们都亲自参与其中,所以我们每一个人都有权利为校园的清洁而自豪,因为我们劳动了,也从劳动中收获了开心,得到了成长。

在劳动周期间,同学们相互帮忙把校园里的垃圾落叶迅速利落地清理干净,虽然期间会发生些小摩擦,但这都是次要的。调解之后同学们表现出的一个团队精神是值得钦佩的。平时比较散漫的一些同学,在这次劳动周期间却表现得非常活跃,有些同学腿上被蚊虫叮咬也不叫苦不叫累,还有些同学在下雨天也坚持把地扫完再去躲雨,这些都非常值得我们学习。劳动最光荣,劳动人民最可爱。劳动使我们进步。所以,我们要热爱劳动,也要珍惜其他人的劳动成果。

参加劳动教育课心得体会(三)

18级高速铁路客运乘务 施佯怡

为期一周的劳动实践课很快就要结束了,对我们可以说是忙碌而充实的一周。劳动周的第一天,大家的情绪都很高涨,早早地就到了红楼门口集合,听老师分配任务。面对分配的任务,大家都以极大的热情接受,没有人抱怨,也没有人推脱。

我们小组共7个人,负责教学楼三层A栋到D栋的所有教室和公共区域的卫生,老师分配任务后我们就来到了自己的责任区域。大家拿起劳动工具,有人拿扫把,有人拿簸箕,默契地配合着,开始了卫生清扫劳动。从 A 栋到 D 栋一刻不停歇到扫完,组长指挥得好再加上大家配合默契,所以在较短的时间内就完成了劳动任务。清扫完后还一起去食堂吃早餐,总体上说也很充实。在打扫卫生过程中,我们感触很深,有的教室垃圾较多,放在过道的垃圾桶都装不下,而且还有一些早餐垃圾没有及时清理发出了难闻的气味,同学们虽然很嫌弃这种气味,但是还是将工作完成得很好,一间一间地将教室清扫干净。看着渐渐干净的教室,心里也充满了成就感和自豪感,还引发了我们对自己平时不爱护环境行为的反思。

接下来的几天我们还是重复和第一天一样的工作,可能是由于每天都有及时清扫教室,以后几天明显地感觉到教室垃圾变少了,所以我们也能在更短的时间内将自己的工作做完,一天比一天轻松,还空出了一些时间学习其他知识。

每天劳动结束的时候,辅导员会定时召开讲评会,小结当天涌现的好人好事和出现的问题,提出给予表扬和需要改进的地方,能够让我们更好地改正错误,减轻我们的思想负担。

我由衷地感谢学校为我们提供了这样一个难得的锻炼机会,也让我们收获很多,增强了劳动意识和环境保护意识,学会了如何与人和睦相处,如何通过小组合作来完成一个共同的任务,实现大家共同的目标,也体会到了平常劳动人员的辛苦和面对巨多垃圾时的无奈,进行了深刻的自己反思。我们就应该从小事做起,自己产生的垃圾自己处理干净,不仅美化了校园的环境,也会为劳动人员减轻了工作量。

参加劳动教育课心得体会(四)

18级高速铁路客运乘务　王　琳

2019学年的第二个学期第16周,听闻已久的劳动教育实践周来临啦!

之前,看见其他学院的同学在扫地、捡垃圾,觉得非常轻松,肯定是不用上课,而且扫完了大家就回宿舍休息了,没啥事了,可以睡觉了。但是,当听得到每天六点五十分到场地,内心发出一丝丝抗拒,觉得比上课还惨。第一天,天气很热，而且因为刚刚端午放假回来，所以有很多被吹落的树叶，扫了很久。在扫地的过程中，有同学抱怨："好累啊，为什么我们这么累啊。"听到这话的时候，我说："其实我们还好啦，我们现在扫一下，然后等落叶下来再捡一下，也没有多少工作量，而且清扫教学楼的还要扫教室和楼梯、厕所，我觉得我们这里挺好的了。"其他同学听到我这么讲，纷纷表示赞同，安慰了自己那颗躁动、不平静的心。

虽然我们组六个都是女同学，但我们组每个人都很认真地在打扫，有早到的同学也不会等所有人到齐了再扫地，而是先动手开展清洁工作，后面到的同学紧接着也开始打扫。我们组的成员都很有责任心，尽管下雨，也没有停止手中的工作。在组长林鸿丽的带领下，为能更方便地打扫，大家尽量不撑伞，都想尽快扫完，让路过的同学心情美好，学习、生活在一个干净的校园中。

有一天大雨滂沱，但并没有阻碍我们劳动实践的步伐，每个人在雨中打伞坚持打扫完卫生。我们的衣服被雨水淋湿，小组长担心大家感冒，就让大家先回去洗个热水澡，换身衣服，并为同学送去关心。在这个六人小组里，我们分工合理，打扫都是大家一起打扫，然后分批值班，早晨扫完，有些人先休息，留两个人守护我们的场地，当叶子落下来的时候，捡起来，丢进垃圾桶，还小广场一片干净。

经过这几天的劳动，让我们得到了锻炼，可能有一些人在家连地也不会扫，但是经历了这次，大家体会到了劳动的辛苦，体会到了父母的辛苦，也为我们进入社会增加了一些技能。共同经历了雨水和汗水的我们，变得更加团结友爱了。

习近平总书记说过，新时代要培养德、智、体、美、劳全面发展的社会主义建设者和接班人。在学习生活中，除了德、智、体、美，养成良好的劳动习惯非常重要。通过劳动教育实践周，我们增强了劳动意识，懂得了劳动最光荣、劳动最崇高、劳动最伟大、劳动最美丽的道理。我们应该弘扬劳动精神，努力使自己成为一名德智体美劳全面发展的优秀大学生。

参加劳动教育课心得体会（五）

18级酒店管理　魏钰洁

　　上大学的第一次劳动教育实践周即将接近尾声,留下了许多问题值得我们思考。劳动是什么? 劳动是光荣的? 当你扔垃圾的那一刻,要想到劳动者的辛苦。不爱劳动、不尊重劳动是什么,是最可耻的。

　　我们每天准时早起,早上6:50,下午15:20准时点名,然后开始属于我们的工作。弯腰,起身这个频繁的动作,只为了那些随手乱丢垃圾,乱丢烟头的人,我们为他们弥补所犯下的错误罢了。在我们汗水的浇灌下,实训楼一楼里里外外焕然一新,从垃圾散乱到窗明几净,这凝聚了我们一早上的心血。

　　爸爸曾经跟我说过这么一句话:"把一件简单的事做好就是不简单,把一件平凡的事做好就是不平凡。"当为期一周的劳动实践周结束,我们切切实实感受到作为一名普通的劳动者在挥洒汗水时,为校园营造的那一个个清洁的角落,望着那一条干净的马路,呼吸着清新的空气,这一刻那些汗水还有疲惫的身体都变得不值得一提。我们不再是温室里的花朵,我们是名劳动者,辛勤付出,只为那一片片美丽的环境,只为营造一个美丽整洁的校园。

　　劳动改造世界,同时也改造劳动者自己。通过这次劳动周,我们从中明白了许多道理。我体会到了人们在社会上的压力,劳动的艰辛,生活的不容易。也让我亲身体会到了劳动的光荣。不要像以前一样轻视劳动。劳动实践周让我们避免了形成好逸恶劳的坏习惯,也同样增强了我们的劳动观念、劳动意识,帮助我们树立了正确的劳动态度。劳动实践周也让我看到了自己许多的不足。平时,在家里的时候,爸爸妈妈都把我当宝一样地伺候,这次我算是亲身体验了,而且我都努力地去做了。刚开始劳动是有点累的,但很高兴,有种成就感。就像一群人坐在一起吃你做的菜,心里会很幸福。我感受到万事开头难,什么事都不是那么容易做的。只有自己开始体验了,并且不断克服过程中的困难,才会获得成功。做事要脚踏实地,假如我不去认认真真地做一遍,就发现不了自己的不足。其实当我们毕业出去参加工作了,就会发现,工作也一样。周五的时候学校来了重要的客人,来参观了实训楼,董事长和校长带队,当他们离开的时候,还对我们的工作成果做出了表扬,我知道这是领导对我们劳动的肯定。我们必须戒骄戒躁,争取做得更好。

一分耕耘,一分收获。只有自己体验了才知道。自己付出了多少,就得到多少回报。只有认真做了,才会有所得。认真学习了,会有好成绩;认真工作了,会有好结果。通过自己的努力付出,不管如何,那个过程就是对自己的锻炼,是受益的!

参加劳动教育课心得体会(六)

18 高速铁路客运乘务　吴辉鹏

为期一周的劳动实践周结束了,然而这短短的一周时间已成为我大学生活中一段十分珍贵的回忆。欧文先生曾经说过这样一句话:"完善的新人应该是在劳动之中和为了劳动而培养起来的。"恰是这次劳动实践周,让我对这句话有了更加真切与深入的理解。

我原本以为劳动实践周就是可以不用上课的"休息周",我们只是个学生,打扫卫生这种事只要有保洁阿姨做就可以了。这次的劳动实践周使我感受颇深,我深深地认识到自己还是太年轻了,目光太短浅了,也更加深刻理解"一屋不扫,何以扫天下"这句话的真正含义。

本次劳动实践周分为多个小组,我是我们班劳动周的负责人,协助辅导员组织落实好劳动周任务。为了能使我们劳动实践周进行得顺利,我提前一周就跟上周负责劳动实践周的班级对接好相关工作。这周天气虽然炎热,但我还是坚持到各个负责的区域检查一遍,不放过任何一个卫生死角。在劳动实践周期间,我们分配的任务区域是教学楼,最棘手的就是卫生间清扫,因为有气味,同学们都不愿意去打扫卫生间,为了提高同学们的积极性,我以身作则,带头去清理卫生间的垃圾。为了更好地督促同学们打扫好各个区域的卫生,我必须在教学楼和图书馆内边跑。虽然在劳动实践周期间,天公不作美,不是下雨就是大太阳,但在老师和同学的配合下,我们还是顺利地完成了劳动实践周的各项任务。最让我开心的是我们得到了学校领导和老师的认可,不过我们也不会骄傲的,我们会永远记住我们18级高铁同学们的做事风格,"要做就要做到最好"。

通过劳动实践周活动,增强了同学们的环境保护意识、劳动意识和团结协作的精神,让我们懂得了应该尊重他人的劳动成果,更应该保护环境,共同建设美丽校园。我们还要把这种观念和思想带到今后的学习和生活中,形成良好的生活习惯和优良作风,提升自己的综合能力和综合素质。

在这忙碌而充实的七天里,我们学会了很多,劳动不仅创造了美,也是脑力劳动和体力劳动的完美结合。它启示我们无论做什么事情,都必须持之以恒,从自己做起。劳动如此,学习如此,工作也亦如此。任何一个良好习惯和行为的养成,都不是一朝一夕之事,都需要潜移默化的影响。在劳动中,我们增进了对彼此间的认识,加深了相互之间的了解,也促进了同学之间的友谊。只有认定目标,脚踏实地,才能水滴石穿。让我们把朝气、活力、热情洒满校园,感动着你,也感动着我。

2.劳动教育课后的"三言两语"

18级高铁班　刘丽沙

其实劳动实践周不是可以不上课的"休息周",也不是大玩一场的"娱乐周",而应该是投身到劳动实践中和学习中去,努力、有干劲的一周,这对每个大学生来说都是很有意义的。

学校划分成多个区域,分配给我们每一个小组不同的区域,参加劳动教育课的同学,可能不屑于做这些琐碎的又需要耐心的小事,总想做点她们自己感觉有意义的大事。其实做什么事都需要脚踏实地,需要把每个细节做好。没有在每件事情上的认真负责精神,任何事情都不会做好。开会时听到我们的辅导员吴老师借古语这样教导我们:"一屋不扫,何以扫天下?"不修身,何以"齐家、治国、平天下"?这对我们接下来的思想认识和学习工作是大有裨益的,也正是学校安排劳动教育课的目的之一,我也深刻体会到这次劳动教育实践的意义。

我作为劳动教育实践课的组长,很希望班级同学都有积极的劳动态度和团结互助的协作精神,和睦相处,努力和有成效地完成并体验着这次劳动教育锻炼机会。在吴老师给我们疏通思想当天,我及时和组员沟通,理顺她们的心情,发挥每个同学参加劳动教育课积极性,完成劳动教育实践课任务。

很感谢辅导员吴老师,在发现我们组组员出现劳动散漫不积极的情况时,及时地给我们上一课。接下来的每一天劳动,我相信我们组会越来越好!越来越优秀!加油!

18级高速铁路客运乘务　刘少娟

本周劳动课,我们组负责的工作区域教学楼2楼,组员们都准时到岗。在劳动正式开始之前,我给他们合理分配任务,并告诉他们一些注意事项。组员们都很配合,打扫的速度非常快,我们在规定的时间内完成了任务。组员们打扫完后,我一间一间地检查,在我发现有死角没打扫干净时,他们都会二话不说过去打扫干净,不会拖拉,也不会互相推脱。可以看出我组员们都是有集体荣誉感的。在劳动过程中，我们也感受到了快乐，或许这就是劳动教育的魅力吧。最后说一句，我的组员都是棒棒哒!

18级高速铁路客运乘务班　叶　子

人们常说，劳动是伟大的，是光荣的，没有劳动就没有这个丰富多彩的世界。也就是说，只要是劳动，不论是什么劳动，都是光荣伟大的。

我们小组负责学校图书馆的清扫工作。风呼呼地刮，雨淅淅地下，组员们还是热情饱满地认真劳动着，不怕辛苦。先是从图书馆门口的平台开始，然后到楼梯，再到大厅分工合作，然后大家一起将3楼大厅和阅览室的地板都擦得干干净净，还打扫了4楼的阅览室跟外面的阳台。

劳动教育课是忘我的劳动，处于这个时代的我们，大多都是独生子女，父母对我们的宠爱，使我们对劳动的概念了解很肤浅。图书馆老师的指导让我们对劳动教育有一个更深入的认识，让我们亲身体会到了劳动的艰辛和劳动的光荣，让我们重视劳动，重视自己的劳动成果，帮助我们树立正确的人生观、价值观、劳动观。

18级旅游管理2班　赵浩然

作为组长，我今天带着组员完成劳动时感受到了极大的满足和开心，劳动使人快乐，劳动使人充实，也拉近了我们的关系。同时我也理解了那些保洁阿姨的辛苦与劳累，更让我们懂得了珍惜和维护校园环境，在接下来的时间里，我们依然会高质量、高标准地完成劳动任务。

18级旅游管理2班　刘诗祺

劳动周已经过去三天了，我身为我们小组的组长，每天清晨带领着我的小分队协助保洁阿姨们打扫道路上的垃圾和落叶。身为组长，为了起好带头作用，我要帮助组员解决难题，提前准备好打扫卫生的工具，多为组员们分担一些工作量。虽然这几天天公不作美，但是我们依旧没有丝毫松懈，每天准时准点到岗，大家也都不怕脏、不怕累，撑着雨伞奋战在自己的岗位上。虽然这几天我依旧还是有许多不足的地方，但是在接下来的几天，我会努力做好自己，让组员们认同,让老师认同。

18级旅游管理2班　陈　浩

劳动周刚开始的时候,想想每天都要早起,我生怕自己起不来,但是只要想着自己是组长,要起到带头的作用,我就可以坚持早起。心里默念着,要坚持! 劳动实践周里,每个组员都充满了动力,把自己的任务完成得很好。每个人的效率都很高。完成了自己的任务还会主动帮助没有完成的同学。每个同学都很热心,没有相互抱怨,共同完成任务。接下来还有几天,我相信我们可以坚持做好。加油!

18级酒店管理班　张青青

我很荣幸担任了为期一周的劳动教育课的组长,看到自己是组长的时候很惊讶,同时又马上领悟到"组长"两个字的重要性。我觉得参加劳动实践课是一件很有必要的事情。劳动教育周里,每个同学都需要付出努力与劳动。我们组区域比较广,但是大家并没有因为区域广而对自己懈怠,男同学积极配合,女同学认真负责,把所有工作都认真做好。在这三天,在人数不是特别多的情况下,还是能感受到同学们很配合,大家很团结! 这次劳动教育课让我们体会到了劳动的价值,增强了劳动意识,端正了劳动态度,懂得了团结一致的重要性。即使在同学不多的情况下,我相信只要团结起来,任何工作都可能做到最好!

18级酒店管理班　赖海玲

通过这次劳动教育实践周,我感受到了团队协作的重要性。我作为小组组长。将自己组分配到的劳动区域按块分配到个人,让人人都有劳动任务,个个都有劳动责任。明确的分工也使大家更有责任感。劳动教育周让我不仅体会到作为一个劳动者为人服务的愉悦感,也明白团结协作的重要性。

18级酒店管理班　江巧燕

伴随着劳动周的到来,每个人都很负责地做着自己分内的工作,但这不仅仅是劳动,更是团结、分工、协作的体现。一方有难,八方支援。在此次劳动中对这句话也深有感触。当有某组的队伍工作量大,而我们也已打扫完时,我们会主动帮助他们打扫。帮助别人,意味着我们懂得了互相帮助,很值得,也很高兴。

18级空中乘务1班　张蒙丹

作为本次劳动教育课的组长,我深感荣幸,因为这是老师和同学们对我的信任。在这次劳动教育课过程中,不能说我们组是全校最好的,但是我们组的每个成员都特别努力,我们懂得了什么叫作人多力量大,什么叫作合作共赢,同时我们也深深体会到了保洁阿姨的不容易。劳动实践课能够让每一名同学都切身体会到打扫校园环境卫生的不容易。希望通过学校组织的劳动教育课程的学习,每个同学都做到不随手乱扔垃圾,养成好的行为习惯,希望通过劳动教育课程,我们的校园能够变得更加美丽。

18级空中乘务1班　温　慧

我是第一次当劳动教育课的组长,第一天不知道该干什么,不知道怎么指挥组员们,也不知道该怎么合理分配好自己组的工作。导致第一天早上分配得有点乱,不过幸好我们劳动小组团结互助,大家最后还是一起把各个卫生区域打扫干净了。今天下午,我合理分配好每个组员的打扫区域,大家都非常认真,不偷懒,所以很快就把卫生区域打扫完。我认为作为组长,合理安排工作非常重要,要做到既不浪费资源,也不缺乏资源,并且要能够高效率地完成打扫任务。

18级空中乘务2班　傅家豪

此次劳动教育周期间,我担任班级负责人,这是老师和同学对我的肯定。实践中,我负责统领全班的劳动工作,按照老师们的指示把任务分配给同学们。在劳动期间,我看见了同学们相互帮忙把校园里的垃圾、落叶迅速清理干净。可能是我前期工作没做好,导致同学们在前期工作时会偶尔发生一些小摩擦,但这都是次要的。在调解后,同学们表现出的团队精神是值得钦佩的。

平时比较散漫的一些同学,在这次劳动周期间表现得异常活跃,有些同学腿上都被蚊子叮了大包,也不叫苦不叫累,还有些同学在下雨天也要坚持把地扫完再去躲雨。我觉得我班的同学真的很优秀!

18级空中乘务1班　关丽婷

现在已经是劳动周的第三天了,虽然很累,但是对比前几天的状况,真的好了很多,没有那么多的垃圾,然后整个宿舍楼看起来也整洁了很多。过程中,我们也体会到了保洁阿姨的辛苦和劳累。我们组一共六个人,虽然期间发生了很大的矛盾但也及时化解了。能共同去打扫一整个宿舍楼,从刚开始的乱七八糟到现在的干净整洁,这都是我们共同努力的成果,是少了任何一个人都不可能完成的任务。正因为有了大家的帮助,我们才能做得很好,往更好的方向去发展,让每一个人都去注意自身的卫生状况。学校安排我们进行劳动实践,是为了让我们更好地将理论与实践结合,提升自身的能力与素质。团结就是力量,让宿舍楼变得更加干净整洁,从我们做起吧!